Peter Härtling
Reise gegen den Wind

Peter Härtling

Reise gegen den Wind

Wie Primel das Ende des Krieges erlebt

Roman

BELTZ
& Gelberg

Peter Härtling, geboren 1933 in Chemnitz, lebt in Walldorf/Hessen.
Er veröffentlichte Lyrik, Erzählungen, Romane und Essays.
Im Programm Beltz & Gelberg erschienen bisher: *Das war der Hirbel*, *Oma*, *Theo haut ab*, *Ben liebt Anna*, *Sofie macht Geschichten*, *Alter John*, *Jakob hinter der blauen Tür*, *Und das ist die ganze Familie*, *Geschichten für Kinder*, *Fränze*, *Mit Clara sind wir sechs*, das *Erzählbuch* (Peter-Härtling-Lesebuch), *Lena auf dem Dach*, *Jette* und *Tante Tilli macht Theater*.
Neben anderen Literaturpreisen wurde er mit dem Deutschen Jugendliteraturpreis und dem Zürcher Kinderbuchpreis »La vache qui lit« ausgezeichnet.

Programm Beltz & Gelberg, Weinheim

Gesetzt nach der neuen Rechtschreibung
Einband von Henriette Sauvant
Gesamtherstellung
Druckhaus Beltz, 69494 Hemsbach
Printed in Germany
ISBN 3 407 79814 8
2 3 4 5 6 05 04 03 02 01 00

1

Ankommen, um abzureisen

Ich kann nicht mehr.« Bernd ließ die beiden bleischweren Koffer aus den Händen gleiten. Die Junisonne stand hoch am Himmel und stach. »Ich schwitze wie ein Nilpferd.«

Tante Karla setzte ebenfalls die Koffer ab. »Nilpferde schwitzen nicht.«

Bernd riss sich Mantel und Jacke auf und schaute an Tante Karla hoch. »Aber ich schwitze wie eines. Bei der Hitze mit Jacke und Mantel!«

Tante Karla ließ ihre Blicke die Straße hinunterwandern. Manche Häuser waren von Bomben und Granaten zerstört. Es standen nur noch die Fassaden. Bewohnt schien keines mehr zu sein. Vor einer Toreinfahrt döste ein knochiges Hündchen.

Mit dem Ärmel wischte sie sich den Schweiß von der Stirn und aus dem Gesicht: »Du weißt doch, die dicken Wintersachen passten nicht mehr in den Koffer. Im kommenden Winter werden wir sie brauchen.«

»Im Winter passt mir das Zeug nicht mehr.« Bernd grinste und leckte sich die Schweißperlen von der

Oberlippe. Noch immer rührte sich keine Menschenseele. Niemand trat vors Haus, kein Fenster ging auf. Bernd war die Stadt unheimlich. Er fragte sich, ob alle Menschen geflohen seien. »Ob die alle abgehauen sind?«

»Warum sollten sie bei dieser Hitze die Häuser verlassen?«

»Weißt du, wie die Stadt heißt?«

»Aber sicher. Wir befinden uns in Laa an der Thaya. Das war auch immer unser Ziel.«

»Ist das schon Österreich?«

»Das will ich hoffen.«

»Bist du schon mal hier gewesen?«

»Nicht dass ich wüsste. Vielleicht in einem anderen Leben.«

Bernd mochte es nicht, wenn Tante Karla solche Sprüche machte. »An ein anderes Leben kannst du dich überhaupt nicht erinnern.«

»Da hast du auch wieder Recht.«

Endlich bewegte sich unten auf der Straße etwas. Ein Kind rannte von einem Haus zum andern, seine Mutter hinter ihm her.

Bernd beobachtete sie. »Wahrscheinlich haben die Angst vor uns.«

»Wir sind nicht die ersten Flüchtlinge, die hier auftauchen und durchwandern.«

Bernd spürte plötzlich, wie müde und zerschlagen er

war. Die Koffer würde er nicht mehr weit schleppen können. Seine Hände waren aufgerieben. Der Rücken schmerzte ihn. Er hatte Hunger und Durst. »Und was passiert jetzt?«

»Wir gehen zum Bahnhof. Vielleicht fahren schon Züge.« Tante Karla tippte mit ihrem Schuh gegen den seinen: »Los, mein Junge, sonst wachsen wir hier noch fest.«

Tante Karla war seine Tante, doch ebenso seine Ersatzmutter. Und das genau seit einem Jahr. Damals war seine Mutter beim Schwimmen im Fluss ertrunken. Man hatte sie erst nach vielen Stunden aus dem Wasser geborgen. Ihr Herz habe versagt. Diesen Satz konnte er nicht vergessen. Denn er stimmte. Nachdem ihnen in einem Brief mitgeteilt worden war, dass Vater in Russland gefallen sei, hatte sich Mutter verändert. In Gedanken schien sie unendlich weit fort zu sein. Dann versagte ihr Herz.

Tante Karla nahm ihn zu sich. Sie war Mutters ältere Schwester. Er hatte immer ein wenig Angst vor ihr. Sie war groß und dünn, hatte kurze, glatte, schwarze Haare, die wie eine glänzende Mütze auf ihrem Kopf saßen. Die Stimme war dunkel und rau; sie trug stets Hosen und Jacken, und Mutter, die sehr an ihr hing, sagte: »Karla benimmt sich wie ein Kerl und sieht aus wie ein Kerl.« Dabei konnte Tante Karla Männer nicht leiden. Vor allem, wenn sie Uniform trugen. »Du kannst sie dressieren wie Hunde. Das würde ich mir nie gefallen lassen.«

Diese Meinung teilte er nicht. Schließlich trug er, seit er beim Jungvolk, bei den Pimpfen* war, ebenfalls Uniform.

Nun waren sie unterwegs und wussten genau genommen nicht wohin. Die Deutschen mussten Brünn verlassen, weil die Russen Hitler besiegt hatten. Und weil die Tschechen nun ihr Land für sich allein haben wollten. Obwohl die Deutschen seit einer Ewigkeit gemeinsam mit den Tschechen gelebt hatten. Tante Karla und er durften noch eine Weile bleiben, weil sich ein tschechischer Freund ihrer annahm. So mussten sie nicht, wie viele andere, den Weg zur Grenze zu Fuß gehen. Sie durften bis Nikolsburg mit dem Zug fahren. Von dort aber mussten sie wandern bis über die Grenze nach Österreich. Sie waren drei Tage unterwegs.

Tante Karla hatte ihm verboten, in dem überfüllten Zug auch nur ein Wort zu sprechen. »Du musst den stummen Deppen spielen. Sie dürfen uns nicht als Deutsche erkennen. Sonst werden wir womöglich auf

* Während Hitler und die Nationalsozialisten regierten, wurden Kinder und Jugendliche mehr oder weniger in Organisationen gezwungen. Von 10-14 war man beim Jungvolk (»Pimpfe« genannt), von 14 an gehörten die Jungen zur »Hitlerjugend« (HJ), die Mädchen zum »Bund deutscher Mädel« (BDM).

der nächsten Station hinausgeschmissen.« Tante Karla sprach tschechisch so gut wie deutsch.

Er schaffte es, kein Wort zu sagen. Worauf Tante Karla ihn lobte: »Du könntest auch sonst ab und zu den Stummen mimen. Dann würdest du Plappermaul mir nicht so auf die Nerven gehen.« Sie übertrieb mal wieder.

Sie gingen die öde Straße entlang, setzten immer wieder die Koffer ab. Tante Karla stellte fest, dass die Stadt wohl im letzten Moment noch ziemlich kaputtgeschossen worden sei. Bernd war das gleichgültig. Er wünschte, dass der mühsame Marsch bald ein Ende habe. Und außerdem gingen viele Gedanken in seinem Kopf durcheinander. Es ist verrückt, dachte er, noch vor kurzem hatten wir ein Zuhause. Ich wohnte mit Tante Karla in Brünn. Ging zur Schule, hatte eine Menge Freunde – und jetzt ist alles futsch. Weil wir als Deutsche nicht mehr da bleiben dürfen.

Es war Anfang Juni 1945. Der Krieg war zu Ende, doch einen richtigen Frieden gab es noch nicht. Hitler war tot, aber noch immer behaupteten Leute, er sei ein großer Führer gewesen.

»Glaubst du, dass es hier zum Bahnhof geht?«

Tante Karla nickte, jedoch nur andeutungsweise.

»Ich habe Durst.«

»Ich auch.« Tante Karla ließ den Atem durch die Zähne zischen.

»Und Hunger auch«, fügte er etwas leiser hinzu.

Tante Karla schien sich Gedanken zu machen, wie sie ihn trösten könne. Am Ende sagte sie bloß: »Noch was?«

»Ja. Du machst zu große Schritte.«

Ohne ihm eine Antwort zu geben, wurde sie langsamer. Es kam ihm wie ein Wunder vor: Sie liefen geradenwegs auf den Bahnhof zu. Mit dem von Brünn konnte er sich jedoch nicht messen. Es war ein kleiner, weißer Bau mit einem dunklen Dach, in dessen Mitte ein Türmchen saß. Wahrscheinlich beobachtete der Bahnhofsvorsteher von da oben die Ankunft und Abfahrt der Züge.

Auf dem Vorplatz wimmelte es von Menschen. Tante Karla blieb stehen. »Ich hätte es mir denken können. Wieso sollen die andern blöder sein als wir. Sie warten auf den Zug, falls einer kommt.«

Jetzt hielt sie nichts mehr. Jetzt schoss sie ungebremst los. Bernd konnte ihr kaum folgen. Die Koffer schwenkend, bahnte sie sich eine Gasse durch die Menge. Bernd hielt sich in ihrem Windschatten. Vor einem Bahnbeamten hielt sie an. Bernd stand zwischen den zwei Koffern und ging hinter ihr in Deckung. Sie ging aufs Ganze. »Können Sie mir, bitte schön, eine Auskunft geben? Aber eine, mit der ich etwas anfangen kann?« Sie hatte Erfolg. Der Beamte musterte sie, machte andeutungsweise eine Verbeugung und sagte leise: »Folgen Sie mir bitte ins Büro, gnädige Frau.« Also selbst als Flüchtling blieb Tante Karla noch Tante Karla. Gnädige Frau genannt zu werden, setzte sie einfach voraus.

Das Büro war winzig, roch nach Bohnerwachs und Zigarettenrauch. Die Hitze stand in ihm wie ein Block. Bernd schaffte es kaum zu atmen. Tante Karla zog röchelnd Luft ein und rief »Jesus«.

Der Beamte setzte sich, bot Tante Karla den übrigen Stuhl an und Bernd stellte sich hinter ihr auf.

»Ihr Sohn?«, fragte der Beamte.

»No ja«, antwortete Tante Karla.

»Sie möchten, vermute ich, wissen, ob Sie mit einem Zug von hier aus weiterkommen.« So umständlich, wie der Mann sich ausdrückte, schien es für die Züge zu sein, den Bahnhof von Laa an der Thaya zu erreichen. »Einen Fahrplan gibt es zurzeit nicht.«

»Das kann ich mir denken«, sagte Tante Karla.

»Irgendwann wird einer kommen, irgendwann wird sich alles normalisieren.« Der Mann beugte sich nach vorn. Tante Karla lehnte sich zurück, um seinen Atem nicht einatmen zu müssen. »Also bleibt uns nichts anderes übrig, als zu warten.«

Der Beamte hatte auf der Oberlippe und am Kinn einen Bart. »Geben Sie Acht auf Ihre Habseligkeiten«, warnte er. »Es treibt sich hier viel Gesindel herum.«

»Da werden wir kaum auffallen.« Tante Karla lächelte, schaute zum Fenster. Von draußen starrten zwei Frauen neugierig herein. »Dazu gehören wir auch.«

»Ich bitte Sie, gnädige Frau.«

»Das zu unterscheiden, überlasse ich schon Ihnen. Mein Name ist übrigens Orlowski, Karla Orlowski. Und das ist Bernd.«

»Huber.« Der Mann knickte in der Hüfte und wiederholte dreimal seinen Namen. Danach nahm er eine amtliche Haltung ein. »Also, ich gebe Ihnen jetzt eine Adresse. Dort bekommen Sie vom Roten Kreuz Essen und möglicherweise auch ein Quartier zugewiesen.«

Tante Karla erhob sich, tastete nach den Koffergriffen. »Danke«, sagte sie, »möglicherweise.«

Der Beamte war ebenfalls aufgestanden. »Es ist nicht weit. Die Küche befindet sich im Keller.«

»Anders herum wäre es auch komisch, der Keller in der Küche.« Tante Karla schob Bernd vor sich her.

Der Beamte öffnete ihnen die Tür, murmelte: »Tagsüber sollten Sie sich schon in der Nähe des Bahnhofs aufhalten. Die Züge werden, wenn überhaupt, kurzfristig gemeldet.«

Sie fanden das Rote-Kreuz-Haus, den Küchenkeller ohne jeden Umweg und wurden von mehreren Frauen, die am Ärmel die Rote-Kreuz-Binde trugen, freundlich empfangen.

Bernd war ohnehin nicht mehr ganz bei sich. Die Beine hingen ihm wie Klumpen am Leib, die wunden

Hände schmerzten. Unter Jacke und Mantel rann ihm der Schweiß.

Irgendjemand drückte ihm ein blechernes Essgeschirr in die Hände. »Setz dich, aber iss langsam.« Die Suppe war lauwarm und schmeckte nach angebranntem Mehl.

Die Erwachsenen redeten über seinen Kopf weg.

»Woher kommen Sie?«

»Aus Brünn.«

»Und wie lang sind Sie schon unterwegs?«

»Drei Tage.«

«Und der Junge«, fragten sie. »Der Junge?«

Die Suppe oder was das auch sein mochte, dieser zähe Brei kam einfach hoch wie in einem Aufzug. Bernd konnte nur noch den Mund aufreißen, sich krümmen – das Zeug schwappte auf den Steinboden. Dabei war ihm nicht einmal übel.

»Ach, du große Güte«, hörte er.

»Er hat zu rasch gegessen«, sagte eine Frau.

»Nein, nein«, widersprach eine andere, »er hat zu lange zu wenig gegessen.«

Tante Karla hockte neben ihm und schob ihre Hand unter sein Kinn. »Es gibt Schlimmeres«, tröstete sie. Das sagte sie oft, wenn etwas schief ging.

Er war drauf und dran, einzuschlafen, fortzuschwimmen auf einem Meer von Müdigkeit. Die Frauen palaverten miteinander.

»Im Nachbarhaus«, sagte eine Frau, »es ist nur zum Teil ausgebombt, im Keller hatte sich eine Familie aus Prossnitz eingerichtet. Ich weiß nicht, ob sie es ausgehalten hat. Im Parterre kommen Sie auf alle Fälle unter und finden alles Nötige. Bettgestelle sind vorhanden, Decken bringen Sie ja mit. Es gibt sogar einen Schrank und ein paar Stühle. Wollen Sie länger bleiben, müssten Sie sich einen Tisch beschaffen.«

Tante Karla zog ihn sehr langsam am Mantelkragen hoch. »Bloß noch ein paar Schritte, Bub.«

Irgendwann lag er, eingehüllt in eine Decke, auf einem hölzernen Bettrost und schlief sofort ein.

Einen ausgiebigen Schlaf erlaubte ihm Tante Karla jedoch nicht. Sie rüttelte ihn wach, und er sah einen Streifen Himmel über sich, blau, als wäre er an die Zimmerdecke gemalt. Er guckte und musste sich erst zurechtfinden.

Tante Karla schaute wie er nach oben. »Ja, ein Dach gibt es nicht mehr. Seine Trümmer liegen im Garten. Sollte es regnen, müssen wir unsere Betten halt an die Wand schieben. Dort gibt es auch Risse, die sind kaum der Rede wert.«

Stolz wies sie auf den Tisch, den sie mittlerweile organisiert hatte. So könnten sie ordentlich zu Abend essen. Ein bissel Käse und etwas Brot habe sie von Frau Trübner bekommen. Das sei die Frau, die drüben im Keller das Kommando führe. Sie zog einen Stuhl neben sein Bett und musterte ihn besorgt. »Geht es dir besser, Primel?«

»Nenn mich nicht so. Sonst kotz ich gleich wieder.«

»Wieso nicht? Kein Mensch hört uns zu.«

»Ich find es blöd.«

»Ich nicht.«

Primel – so hatte sie ihn genannt, als sie ihn nach Mutters Tod zu sich holte und er abends vergeblich gegen die Tränen ankämpfte. Sie hatte ihn in die Arme genommen und plötzlich »Primel« geflüstert, über seinen Kopf weg: »Mein Primel.« Er habe, hatte sie ihm später erklärt, wie ein geknicktes Blümchen auf sie gewirkt, wie ein Primel.

»Es heißt: *die* Primel«, hatte er sich gewehrt.

Sie hatte sich nicht geschlagen gegeben. »Bei mir gibt's *den* Primel. Wie du siehst.«

Sie nahmen an dem Tisch Platz. Tante Karla wünschte ihm guten Appetit. Er solle langsam essen und kauen. Jeden Bissen kauen. Sie teilte die Schnitte in kleine Stücke auf und fütterte ihn. »Nichts wird dir hochkommen, Bub.«

Zwischen zwei Bissen fragte er: »Und was geschieht jetzt?«

»Was schon?«

Tante Karla fischte ihre Puderdose aus der Handtasche und schnitt eine Grimasse in den kleinen Spiegel. »Was schon? Erst einmal schlafen wir aus. Und dann warten wir, bis selbst durch dieses Kaff wieder Züge fahren.«

»Und wann ist das?«

Tante Karla puderte sich die Nase und schloss die Dose mit einem kleinen Knall. »Also langweilig wird es uns schon nicht werden.«

»Bist du sicher, Tante Karla?«

»Hauptsache, wir haben ein Dach überm Kopf.« Sie blickte theatralisch zur gespaltenen Zimmerdecke. »Und es kommt nicht auf uns herunter. Und jetzt gute Nacht, mein Junge.«

2

Verfolgungsjagd

Er wachte durch lautes Pfeifen auf. Es kam ihm vor, als habe er mindestens zwei Tage und zwei Nächte lang geschlafen. Ausgiebig rieb er sich die Augen und lauschte. Tante Karla konnte er nirgendwo entdecken. Das Pfeifkonzert brach mit einem Schlag ab.

»Warum pfeifst du?«, rief er.

Sie trat nicht durch die Tür, sondern durch einen Spalt in der Wand, der ihm am Abend nicht aufgefallen war. Es gab also nicht nur Risse in der Decke.

»Das bin nicht ich. Das sind die Ratten.«

»Ratten pfeifen doch nicht.«

»Hast du eine Ahnung. Wenn es ihnen passt, pfeifen sie mehrstimmig. Und jetzt kommen die Russen.«

Seit gestern Abend hatte sie sich abenteuerlich verändert, trug den Mantel verkehrt herum. Ihr Gesicht und ihre Hände wirkten eigentümlich schmutzig. Sie hatte ein Kopftuch auf, die Haare hingen ihr strähnig in die Stirn.

»Aber gestern haben wir doch überhaupt keinen Soldaten gesehen.«

»Wahrscheinlich haben sie Pause gemacht. Heute kontrollieren sie jedes Haus. Vielleicht suchen sie jemanden, einen Nazi. Es kann aber auch sein, sie brauchen nur ein bissel Bewegung.«

»Und warum hast du dich so scheußlich gemacht?«

»Ich spiele ein altes Weib, Primel. Vor alten Frauen haben sie meistens Respekt. Aber nicht immer.«

»Und was soll ich spielen?«

»Das was dir nicht schwer fällt: einen ausgehungerten, ziemlich mitgenommenen Flüchtlingsbuben von beinahe dreizehn Jahren. Jetzt steh auf! Waschen können wir uns nicht. Es fließt kein Wasser aus dem Hahn in der Küche.«

Da er ohnehin in Hemd und Hosen geschlafen hatte, musste er sich nur die Schuhe anziehen. Tante Karla drängte ihn, rasch zu frühstücken und den Rest des Brots in seinem Rucksack zu verstauen. Unruhig ging sie auf und ab in dem Zimmer, in dem die Fenster keine Scheiben mehr hatten und der Morgenwind Staub aufwirbelte, den Schmutz vor sich her trieb.

Bernd fragte sich, wer hier wohl gewohnt hatte. Auf alle Fälle waren die abgehauen. Vielleicht aus Angst oder weil sie große Nazis gewesen waren.

Draußen wurden Rufe laut. Geschrei. Ein einzelner Schuss fiel. Tante Karla unterbrach ihre Gänge, legte einen Arm um seine Schulter. »Es ist besser, wir setzen uns. Das sieht normaler aus. Und eine Tür müssen wir ihnen ja nicht öffnen, da es keine gibt.«

Sie drängten sich herein, ein ganzes Rudel Soldaten. Viele hatten ihre Mützen verwegen auf den Hinterkopf geschoben. Bernd schien es, als dampften sie wie Pferde.

Tante Karla sank wie durch Zauberkraft in sich zusammen. Sie wurde noch einmal um Jahre älter. Ein Soldat trat auf sie zu. Sein breites, von der Sonne gerötetes Gesicht wurde von großen, freundlichen und staunenden Augen beherrscht. Er schien der Offizier zu sein. Er legte eine Hand auf Bernds Schulter und warf einen Blick auf die eingesunkene, im gewendeten Mantel beinahe verschwindende Tante Karla. »Deine Babuschka?«, fragte er. Das Wort kannte Bernd. Im Tschechischen hieß Großmutter Babitschka.

»Ja«, antwortete er.

»Gut, gut.« Der Offizier tätschelte Bernds Rücken, aber auf einmal sprang seine Laune um. Er zerrte Bernd hoch, stieß ihn vor sich her. Tante Karla vergaß erschrocken, dass sie eine Babuschka zu spielen hatte, sprang auf, lief neben Bernd her. Die Soldaten waren vor ihnen und neben ihnen. Hinter ihnen schrie der Offizier: »Dawai, dawai!« Die Soldaten trieben sie über die Straße. Tante Karla fasste Bernd an der Hand, hielt ihn fest: »Bleib nah bei mir, Bub. Diese Kosaken dürfen uns nicht trennen.«

Was die offenbar auch nicht vorhatten.

Als gehorchten sie einem lautlosen Befehl, kehrten alle Rotarmisten um, rannten zurück zu dem Haus und begannen in das leere Zimmer hineinzuschießen. »Die müssen Geister bekämpfen«, stellte Tante Karla kopfschüttelnd fest.

Von neuem verschwanden die Soldaten im Haus.

»Also uns können sie nicht meinen.« Tante Karla atmete so heftig auf, als habe sie die ganze Zeit die Luft angehalten.

»Hoffentlich nehmen sie nicht unsere Koffer mit.« Bernd fröstelte es trotz der Hitze.

»Ich fürchte, die hören nicht auf mit dem Krieg, obwohl es seit Wochen keinen mehr gibt.« Tante Karla drückte seine Hand und ließ sie nicht los.

Rückwärts, die Maschinenpistole im Anschlag, kam ein Soldat nach dem andern aus der Tür. Sie ließen die Waffen sinken, redeten, lachten und spazierten weg, als wäre nichts gewesen.

Bernd zerrte an Tante Karlas Arm. Er wollte hinüber, nachsehen, was mit den Koffern geschehen war. Entweder waren sie von Kugeln durchlöchert oder überhaupt verschwunden. Tante Karla hielt ihn zurück.

In dem Augenblick öffnete sich die Haustür hinter ihnen, und eine flüsternde Stimme forderte sie auf, doch Schutz zu suchen. »Die sind imstand und fangen die ganze Schießerei noch einmal von vorn an.« Die Frau öffnete die Tür gerade so weit, dass sie sich hineinzwängen konnten. Im Hausflur roch es nach Kartoffeln und Erde. Weiter hinein in den Flur durften sie nicht. Die Frau ließ sie stehen. »Die Suppe könnte mir anbrennen.«

Und zu ihrer Beruhigung fügte sie noch hinzu: »Hier sind Sie erst einmal geschützt. Ich bin Frau Bürschtel.«

Sie standen da wie bestellt und nicht abgeholt, schauten Frau Bürstel nach, die die Treppe hinaufeilte. »Also«, sagte Tante Karla. Mehr fiel ihr nicht ein.

»Die sieht aus, wie sie heißt. Mit diesen struppigen braunen Haaren, mit dem kleinen schrumpligen Gesicht. Wie ein Bürschtel.«

Womit er Tante Karla ärgerte. »Merk dir, Primel, über Namen zu spotten, gehört sich nicht. Ich jedenfalls kann das nicht leiden. Wer weiß, ob Frau Bürstel uns nicht noch behilflich sein kann.«

Tante Karla wurde in ihren Hoffnungen betrogen. Frau Bürstels Suppe war nicht angebrannt und ihre Hilfsbereitschaft schon erschöpft. Sie fragte noch, ob sie wüssten, dass bei Frau Trübner die Flüchtlinge verköstigt würden, und öffnete einfach die Tür. Jetzt sei die Luft wohl rein.

Das schien tatsächlich der Fall zu sein. Auf der Straße herrschte Leben. Heißer Staub wirbelte auf und legte sich auf ihre Lippen. Die Leute trugen leichte Sommerkleider.

»Großer Gott, wir müssen den Eindruck machen, als seien wir nicht richtig im Kopf oder als kämen wir direkt aus dem Winter.« Tante Karla riss sich das Kopftuch herunter und schälte sich umständlich aus dem verkehrt angezogenen Wintermantel. »Zieh dir wenigstens auch den Mantel aus.«

Er hörte nicht auf sie. »Die sollen alle sehen, dass wir Flüchtlinge sind.«

Tante Karla warf ihm einen zweifelnden Blick zu. »Ich glaube nicht, dass uns das was nützt. Außerdem schwitzt du weiter.«

Ein vorbeikommendes Pferdefuhrwerk sorgte dafür, dass ihnen jegliche Rede verging. Sie pressten die Lippen und die Augen zusammen. Der heiße Staub setzte sich selbst in den Augenwinkeln fest, brannte und schmerzte. Erst nach einer Weile wagte Bernd wenigstens einen Satz zu sagen: »Komm, wir gehen wieder rüber in unser Haus.«

Tante Karla lachte trocken auf. »Unser Haus ist gut, Primel.«

Die Angst war fort. Nichts drückte ihn mehr. Inzwischen war er in Ängsten kundig. Wie viele hatte er schon ausgestanden. Die Angst nach Mutters Tod, die ihn erdrückte und lähmte. Die Angst, als Tante Karla auf der Flucht verschwand und er nicht mehr aus und ein wusste. Die Angst, als sie sich in Brünn eine lange Woche im Bombenkeller aufhalten mussten, als ein paar Mal die Erde bebte und er kaum mehr zu atmen wagte. Oder die Angst, als die russischen Soldaten in die Brünner Wohnung kamen, mit ihren Gewehren herumfuchtelten und sie vor sich her ins Treppenhaus trieben. Es war eine Angst, die ihm in die Beine fuhr und zugleich blind machte. Oder die Angst, als er im Zug den Stummen spielte und ein Mann ihn misstrauisch beobachtete, auf Tschechisch ansprach und es in seinem Kopf zu dröhnen begann.

Die Koffer standen unversehrt da. Auf dem Bett lagen ihre Decken. Tante Karla überblickte die Szene und gab sich selber den Befehl: »Wir verlassen dieses luftige Quartier, mein Lieber. Hier sind wir nicht sicher. Die Russen suchen nach irgendjemandem. Auf jeden Fall werden sie noch eine Weile unruhig sein.«

»Und wohin?«

Sie kam nicht dazu, ihm zu antworten. In dem Riss in der Wand stand ein Mann. Er lächelte, schien heiter und entspannt, als käme er aus einer anderen Zeit, stünde schon eine Weile dort und erwartete sie. Er war wirklich da und wirkte zugleich unwirklich.

Er sieht aus wie auf einem Bild, dachte Bernd. Der Mann war sehr groß, trug einen feinen, schwarzen Anzug, schwarze, glänzende Schuhe, eine dunkle Krawatte und ein weißes Hemd.

Der muss den Dreck und Staub abstoßen, ging es Bernd durch den Kopf.

Tante Karla ließ sich nicht beeindrucken. Sie stellte sich neben Bernd. »Suchen die Russen nach Ihnen?«

Da der Mann schwieg, gab sie sich selber eine Antwort. »Das ist anzunehmen.«

In das gebräunte, strenge Gesicht nistete sich ein Lächeln ein. »Kann ich Ihnen behilflich sein, gnädige Frau?« Er rührte sich noch immer nicht vom Fleck. Und seine Freundlichkeit stimmte Tante Karla auch nicht um:

»Nein, danke. Das lassen Sie lieber bleiben. Sonst sind die Russen womöglich auch hinter uns her.«

Das Lächeln entfaltete sich zu einem Grinsen. »Vorsicht ist die Mutter der Porzellankiste.«

»No, dazu braucht es gar nicht erst eine Kiste.«

Jetzt bewegte sich der Mann ein wenig und deutete eine Verbeugung an. »Maier, mein Name.«

Tante Karla nannte ihren Namen nicht. Sie straffte sich, und Bernd wusste, dass Gefahr zu erwarten war. Tante Karla reagierte auf sie wie ein Thermometer auf Kälte oder Wärme.

Der Mann stand ebenfalls regungslos und lauschte. »Es könnte sein …«, sagte er leise.

»An Ihrer Stelle würde ich verschwinden. Der Suchtrupp ist noch in der Nähe.«

Schon war er fort. Der Spalt in der Wand leer, als

hätte er dem Mann, der vielleicht Maier hieß, nie als Bühne gedient.

Am Abend, im Keller von Frau Trübner, als Bernd satt und schwer war von der Erbsensuppe und die Müdigkeit ihm auf die Augen drückte, tauchte Herr Maier unerwartet auf: wie ein Schatten, eine Erinnerung. Wieder stand er in der Tür und beobachtete die Szene.

»Der Herr Maier«, rief Bernd, doch er war schon verschwunden.

Frau Trübner, die noch Suppe an Neuankömmlinge verteilte, hob mürrisch den Kopf: »Also, das Unglück musst du uns nicht auch noch rufen.«

Da Tante Karla darauf bestand, eine Unterkunft zu bekommen, in der einem nicht die Decke auf den Kopf zu fallen drohte, durften sie für eine Nacht im Haus von Frau Trübner bleiben. Allerdings kamen sie vom Regen in die Traufe. Ihr Matratzenlager befand sich direkt unter der hölzernen Stiege, die in den ersten Stock führte und auf der selbst nachts ständig jemand unterwegs war. Es reichte gerade für zwei. Obwohl Tante Karla das Schlimmste befürchtete, schliefen sie durch.

»Ich hab von ihm geträumt.«

Tante Karla saß neben ihm auf der Matratze, die Beine angezogen und knirschte mit den Zähnen. »Von wem?«

»Von dem Maier.«

Er rappelte sich hoch, achtete darauf, nicht gegen die

Treppe zu stoßen und stieg über Tante Karla weg. »Den find ich gut.«

»Ich nicht.« Tante Karla fing eine Fliege aus der Luft. »Ich hoffe, der hat sich endgültig aus dem Staub gemacht.«

3

Der fabelhafte Herr Maier

Tante Karla gelang es, einen Platz, einen Dauerplatz am Bahnhof zu ergattern, dazu noch den besten. Der Bahnhofsvorsteher stellte ihr einen Klappstuhl zur Verfügung. Mit dem konnte sie, den Schatten nutzend, rund um den Bahnhof wandern. Benötigte sie ihn nicht, gab sie ihn sofort dem Uniformierten in Obhut.

Das machte unter den Wartenden natürlich böses Blut. Ein paar Tage lang wurde sie von den aufgebrachten Frauen beschimpft, umzingelt und verfolgt. Woher sie sich das Recht nehme? Warum sie derart bevorzugt werde?

Bernd ging auf Distanz und bewunderte Tante Klaras Stand- und Sitzfestigkeit.

Das Recht habe sie sich genommen, erklärte sie, und bevorzugt werde sie aus Gründen.

»Aus welchen Gründen?«, fragten die Frauen im Chor.

Sie denke nicht daran, sie ihnen auf die Nase zu binden.

Bernd spürte die geballte Wut und bekam nun doch etwas Angst um Tante Karla.

Die war unnötig. Nach einer Weile gewöhnten sich die Frauen nicht nur an diese merkwürdige Bevorzugung, ihre Stimmung schlug um, sie wandten sich immer häufiger an Tante Karla, um bei ihr Rat und Hilfe zu suchen. Im Übrigen überließ sie den Stuhl bald auch andern.

Außer dem Bahnbeamten schien sie als Einzige Bescheid zu wissen. So erzählte sie allen Ernstes, dass in ganz Österreich der Bahnverkehr wieder in Ordnung sei, Laa an der Thaya von den Zügen jedoch ausgespart werde. Es liege wohl zu nah an der Grenze. Und die Flüchtlinge, fügte sie hinzu, die hier warteten und in ihrem Schweiß schmorten, sollten sowieso bleiben, wo der Pfeffer wächst. Das war kein Trost, doch der Anfang einer freundlichen Unterhaltung zwischen den Frauen und Tante Karla.

Bernd langweilte sich. Die übrigen Kinder fand er träge und blöd. Eine Jungenbande nahm ihn einfach nicht zur Kenntnis. Eckart, ihr Anführer, trug Reste einer Hitler-Jugend-Kluft. Er befahl und die andern Jungen fügten sich. Ohne Zweifel war er größer, dicker, vermutlich auch stärker als die andern. Alles, was er sagte, unterstrich er mit heftigen Armbewegungen. Manchmal sah es aus, als rudere er durch die heiße Luft.

Tante Karla betrachtete Eckart mit Abscheu und warnte Bernd vor dieser albernen Großmannssucht. Der Kerl blase sich so lang auf, bis er platze.

Bei der ersten größeren Aufregung ließ Eckart gleich alle Luft ab.

Tante Karla hatte die bunte Gesellschaft rund um den Bahnhof mit einer Ahnung, wie sie sagte, eben noch warnen können: »Es könnten, ahne ich, gleich die Russen da sein.«

So geschah es. Zwei Lastwagen fuhren vor, Soldaten sprangen herab, fingen an, die Flüchtlinge zusammenzutreiben, die einzelnen Leute ziemlich derb abzutasten und abzuklopfen, im Gepäck zu wühlen, dabei ließen sie da und dort etwas mitgehen, vor allem Parfümfläschchen.

Bernd beobachtete, wie Eckart sich von seiner Truppe entfernte und ängstlich in eine Nische am Haus drückte, von dort aus den Soldaten verstohlen Zeichen gab, die oder den noch dran zu nehmen und zu filzen. Aber die nahmen seine verräterischen Hinweise nicht zur Kenntnis. So schrumpfte Eckart, unwichtig geworden, in seiner Ecke zusammen.

Erst allmählich legte sich die Unruhe, nachdem die Rotarmisten auf den Lastwagen davongefahren waren. Manche jammerten, klagten, dass ihnen die Mundharmonika, eine Uhr aus dem sicheren Versteck oder ein Fläschchen Kölnisch Wasser geklaut worden seien. Ein

Mann beklagte sogar den Verlust seines Ausweises: »Ein Russe hat ihn einfach beschlagnahmt!«

Woran Tante Karla zweifelte. »Wahrscheinlich«, flüsterte sie Bernd zu, »hat er ihn irgendwo liegen lassen, damit keiner herausbekommt, wer er wirklich ist.« Ging es nach Tante Karla, hatten die meisten Männer, denen sie auf der Flucht begegneten, Dreck am Stecken.

Sie zog ihr Stühlchen weiter in den Schatten, und um Bernd in Bewegung zu halten, schickte sie ihn voraus zu »Frau Trübners Volksküche«, wie sie sagte. »Pass auf, dass die andern uns nicht alles wegfressen.«

Er nahm sich Zeit. Vor sieben Uhr gaben die Frauen kein Essen aus. Die Kostgänger, für die abends das Brot nicht reichte, mussten sich mit dem aufgewärmten Rest Suppe zufrieden geben. Hungern, wie unterwegs zwischen Zug und Grenze, musste er nicht mehr. Aber noch immer, wenn er unter den Essenholern stand, fürchtete er, leer auszugehen.

Auf der Straße begegnete er Leuten, die er noch nicht kannte. Es mussten neue Flüchtlinge in die Stadt gekommen sein.

Ein russischer Jeep trieb ihn zur Seite. Und dann tauchte im Gegenlicht, wie eine Fata Morgana, ein nobles, offenes Auto auf, ein schwarzes Kabriolet, das von einem Fahrer gesteuert wurde, den er kannte, dessen Anblick sein Herz schneller schlagen ließ. Braun gebrannt, das Gesicht starr wie eine Maske – es war der Mann aus der Wand. Den die Russen gesucht hatten. Jetzt rollte er zwischen den zerstörten Häusern wie ein Fürst in seiner Karosse. Bernd blieb nicht als Einziger stehen und starrte ihm nach. Der Mann schaute stur geradeaus, achtete nicht auf die Neugierigen – und das Auto verschwand in einer Querstraße. Noch eine Weile war der pochende Motor zu hören.

Die Frauen in der Kellerküche empfingen ihn mit einer Neuigkeit: Sie drückten ihm eine Wegskizze in die Hand und schickten ihn gleich wieder fort. In dem Haus Znaimer Straße zwölf stehe ein Zimmer leer. Dort könnten er und Tante Karla für die kommende Zeit wohnen, bis endlich der erste Zug sie mitnehme. Seine Koffer könne er schon einmal hintragen. Den Schlüssel bekomme er von einer Frau Pluhar.

Die Gedanken an den Mann und das Auto verfolgten ihn. Als er wieder in die Küche zurückkehrte, Tante Karla von dem neuen Zimmer berichtete, fragte er nebenbei Frau Trübner: »Da fährt ein Mann in einem tollen Auto in der Stadt herum. Ist das der Bürgermeister? Oder ein Schwarzhändler?«

Tante Karla, immer scharf auf Neuigkeiten und Tratsch, reagierte als Erste: »Meinst du den Kerl, nach dem gestern die Russen suchten?«

Der Keller füllte sich wieder. Frau Trübner rührte mit einem überlangen Holzlöffel im Suppentrog, und ihre Freundin, die winzige, weißlockige Frau Legal, reihte auf dem Holztisch die Abendportionen auf. Den Aufstrich, eine Paste, die grünlich schimmerte, setzte sie in einem Klacks auf die Brotscheiben.

»Du meinst den fabelhaften Herrn Maier? Der treibt sich seit drei Wochen hier in der Gegend herum, macht irgendwelche Geschäfte mit Russen und Tschechen und heißt wahrscheinlich ganz anders. Ich nehme an, er ist Offizier bei der SS gewesen oder bei der Wehrmacht.« Frau Trübner klatschte mit dem Löffel in die Suppe und sah Bernd in die Augen: »Also, den würde ich an deiner Stelle meiden, wie der Teufel das Weihwasser oder wie die Butter die Sonne.«

»Der denkt wohl«, sagte Tante Karla, »wenn man schon mal General war, ist man immer General.«

Worauf Frau Legal kicherte und die Portionen von neuem zu zählen begann: »Eins, zwei, drei …« Frau Trübner fand das nicht zum Lachen. »Er wohnt, wenn ich den Leuten glauben soll, in einem schönen Häuschen in der Russensiedlung, obwohl ihn die Russen manchmal scheuchen. Wahrscheinlich kommt es aufs Wetter an. Und diese aufgedonnerte Gans, die manchmal am Bahnhof auftaucht, das schöne Fräulein Janowitz, gehört mal mehr, mal weniger zu ihm!«

Der fabelhafte Herr Maier begleitete Bernd in den Schlaf. Erst genoss er, noch halb wach, das frische Bettzeug. Er hörte, wie Tante Karla dankbar ihr Kopfkissen tätschelte. Dann beugte sie sich halb über ihn und küsste ihn auf die Stirn: »Morgen muss ich eine menschenwürdige Waschgelegenheit finden«, sagte sie. »Du duftest nicht gerade anheimelnd.«

Der Mann trat wieder aus der Wand, der sagenhafte Herr Maier. Bernd wollte ihm erklären, dass er die Häuser verwechselt habe, denn jetzt bewohnten sie ein ordentliches Zimmer. Maier krempelte die Ärmel seiner Jacke hoch, und Bernd sah, wie ein Tierchen den Arm hinaufkrabbelte. »Schau hin«, forderte ihn Maier auf, »schau genau hin. Du kannst dir was wünschen.« Der Käfer, der da zwischen den schwarzen Härchen den Arm hochkroch, war nichts anderes als ein winziges schwarzes Kabriolet.

An eine Fortsetzung der Geschichte konnte sich Bernd am Morgen nicht erinnern. Er wünschte sie sich. Denn er fand, anders als Tante Karla, diesen Maier wirklich sagenhaft.

Ihre Zimmerwirtin, die jüngere Schwester von Frau Trübner, verheiratet mit einem Herrn Pluhar, der seit zwei Jahren an der Ostfront vermisst war, wärmte tatsächlich auf dem Herd Wasser, so dass sie sich, wie Tante Karla nach der Morgenwaschung feststellte, wieder wie Menschen fühlten.

4

Gold kann man nicht essen

Die heißen Tage wurden von wüsten Gewittern unterbrochen. Es schüttete aus Kübeln, und die Himmelsflut schwemmte die Flüchtlinge in den kleinen Wartesaal, in dem sie nur zur Not und nach heftigem Streit Platz fanden. Diese lautstarken Auseinandersetzungen führte Tante Karla auf die elektrische Luft zurück. Sie thronte direkt unter dem Fahrkartenschalter auf ihrem Klappstuhl. Auf diese Weise blieb sie in Kontakt mit dem Bahnhofsvorsteher Huber, der sich hinter dem Schalter verschanzt hielt.

Jetzt erst fiel Bernd auf, dass sich Herr Huber merkwürdig verjüngt und verändert hatte. Der Bart war weg, an der Oberlippe und am Kinn. Herr Huber sah ungetarnt und nackig aus. Tante Karla war Bernds erstaunter Blick nicht entgangen. Sie nickte. Ihren Kommentar zur Verwandlung von Herrn Huber gab sie jedoch erst, als der für einen Moment seinen Platz am Schalter verlassen hatte. Sie kicherte wie ein Mädchen: »Ja, der Bart ist ab.«

»Warum hat er das gemacht?«

»No, er möchte mit der Mode gehen. Und uns Damen gefallen.«

Herr Huber hing schon wieder im Schalter und rief in die Menge: »Herrschaften, es hat aufgehört zu regnen. Nur rückt von neuem ein Gewitter näher. Da ich bekannt geben kann, dass für heute kein Zug zu erwarten ist, möchte ich Sie bitten, das Bahnhofsgebäude zu verlassen und die Unterkünfte im Ort aufzusuchen.«

Er redete wie ein aufgezogener Sprechapparat. Tante Karla fand ohnehin, Herr Huber sei begabt für den Lautsprecher. »Er ist ein geborener Durchsager.« Doch sie rührte sich nicht vom Fleck. »Warte, bis die andern verschwunden sind.«

Durch die offene Tür drang ein Schwall von feuchter, dicker Luft, die nach verschwitzten Kleidern roch, nach nasser Erde. Entfernt donnerte es bereits wieder.

»Komm, Bub, sonst werden wir noch nass.« Tante Karla sah dem Letzten nach, der den Wartesaal verließ, erhob sich mit einem Seufzer, klappte den Stuhl zusammen und rügte Bernd wegen seiner Ungeduld: »Zappel nicht herum, Primel. Es geht um Geschäftliches. Ich frage mich sowieso, ob es vernünftig ist, dich ins Vertrauen zu ziehen.«

Das Geschäftliche entpuppte sich als Frau Huber. Auf einmal hatte Herr Huber eine Frau. Eine wunderschöne Frau im Dirndl, die nach Parfüm duftete und deren schwarzes Haar sich hochgekämmt auf dem

Kopf türmte. Ihre Lippen waren dick geschminkt, ihre Nägel lackiert. Sie gehörte eigentlich nicht in diese schmutzige Welt. Bernd konnte sich nicht satt sehen an ihr.

Herr Huber hatte sie zum sonst mit quer gelegten Brettern gesicherten Hintereingang gebeten und war ihnen auf der steilen Stiege in den ersten Stock vorausgegangen. Er glühte vor Stolz, als er sie vorstellte: »Meine Frau.« Und er krümmte sich ein wenig verlegen, als er sich der zweiten Dame zuwendete, die auf dem Sofa sitzen geblieben war und sich erst jetzt zögernd erhob.

Bernd, der sich eng an Tante Karla hielt, sich keinen Schritt von ihr entfernte, gab erst der einen, dann der andern die Hand. Die andere sei Fräulein Janowitz. Sie erschien ihm noch eindrucksvoller und schöner als Frau Huber. Allerdings nicht so entrückt. Es war ihm klar, dass sie Tante Karla eher missfallen würde. Wer Fräulein Janowitz anschaute, begriff, was eine Wespentaille ist. Sie trug ein enges, schwarzes Kleid. Zwischen Brust und Hüfte schnürte ein roter Lackgürtel den Leib so eng, dass man fürchten musste, er könnte in zwei Teile auseinander brechen.

Herr Huber bat Tante Karla, sich zu setzen.

Die beiden feinen Damen nahmen wieder auf dem Sofa Platz. Herr Huber setzte sich ebenfalls und wies Bernd an, sich zwischen die beiden Frauen auf der

Couch zu platzieren. »Bitte«, wurde er zweistimmig eingeladen. Er drehte sich mehrfach um sich selbst und auf diese Weise um den niedrigen Tisch herum, bewegte sich so schnell wie möglich und ließ sich zwischen die beiden Frauen fallen. Eine Wolke von Parfüm und Puder umgab ihn. Fräulein Janowitz sorgte dafür, dass es mit dem Wohlgeruch ein Ende nahm. Sie zündete sich eine lange, gekrümmte Zigarre an, eine Virginia, als wäre es das Selbstverständlichste auf der Welt, dass ein Fräulein Janowitz Zigarren raucht.

Bernd ließ Tante Karla nicht aus den Augen. Herr Huber zog sich zurück ans Fenster.

Tante Karla saß aufrecht und starrte auf einen Punkt über Bernds Kopf. Sie schien zu überlegen.

Frau Huber kicherte, erhob sich, holte aus der Anrichte kleine Schnapsgläser, Stamperln, wie sie sagte, und eine Flasche. Er bekam kein Stamperl. Frau Huber goss Schnaps ein und rief Prosit. Alle tranken das Gläschen in einem Zug leer. Wenn die Tante Karla unter den Tisch trinken wollen, dachte Bernd, müssen sie noch hundertmal Prosit sagen.

Aber das war anscheinend nicht die Absicht von Frau Huber. Sie beugte sich nach vorn und wurde »geschäftlich«. »Also, wie denken Sie sich den Tausch?«

Tausch? Was hatten die Frauen vor? Eine leise Angst befiel Bernd. Er hoffte, dass die Sache nichts mit ihm zu tun hatte.

Tante Karla kramte in ihrer unergründlichen Handtasche. Alle sahen gespannt zu. Sogar Herr Huber trat einen Schritt näher.

Tante Karla seufzte. So seufzte sie nur, wenn sie auf Mitleid hoffte. Endlich hatte sie gefunden, wonach sie kramte. Es war eine goldene Halskette, an der drei dicke, durchsichtige, gelbe Steine hingen, Bernsteine. »No«, sagte sie, nickte der Kette zu, »das wäre mein Angebot.«

Fräulein Janowitz und Frau Huber gaben, wie Vögel, unterschiedliche Töne von sich: Sie zwitscherten und piepsten. Es schien eine Art Schmuck- und Bernsteinsprache zu sein. Oder Händlergezwitscher.

Bernd wusste, dass Tante Karla seit dem Einmarsch der Russen ihren Schmuck »am Leib trug«, in einem Leinenschlauch unter Rock oder Hose. Wahrscheinlich gehörte die Kette zu diesem Schatz. Warum wollte sie gerade dieses Schmuckstück loswerden und gerade jetzt?

»Was geben Sie mir dafür? Als Ganzes kann ich sie unserer Küchenfee für die tägliche Versorgung nicht anbieten. Das wäre bei weitem überzahlt. Also brauche ich drei oder vier im Wert entsprechende Schmuckstücke und eines davon bekäme die Trübner.«

Wieder kicherte Fräulein Janowitz: »Jaja, umsonst gibt es nichts auf der Welt. Sogar die Barmherzigkeit hat ihren Preis.«

Es brach aus Bernd heraus, ohne dass er es wollte: »Das darfst du nicht.«

Alle sahen ihn verblüfft an.

»Na, hör«, sagte Herr Huber.

»Dieses vorlaute Bürschel«, stellte Fräulein Janowitz fest.

»Husch«, zischte Frau Huber, als wäre er ein Hund oder eine Katze.

»Was bleibt mir anderes übrig«, entschuldigte sich Tante Karla leise für den Tauschhandel.

»Aber die Kette hat Mama gehört.« Seine Stimme klang wieder fest.

»Ich weiß, Bub, ich könnte genauso gut Schmuck von mir nehmen. Nur lässt der sich nicht so gut tauschen, dritteln.«

»Das sagst du so.«

Die Erwachsenen nahmen ihn einfach nicht mehr zur Kenntnis, prüften wieder die schöne Kette und Frau Huber rückte mit dem »Wechselschmuck« heraus: einer Armbanduhr, einem dicken, silbernen Armreif und zwei blitzenden Ohrgehängen.

»Einverstanden – ich bin kein Juwelier.« Tante Karla nahm jedes Stück in die Hand und schien es zu wiegen. »Es wäre übel, wenn wir uns beschummelten.«

»No, no«, ließ sich Herr Huber hören. Fräulein Janowitz legte sich Mutters Kette um. Bernd war nahe daran, aufzuspringen und sie ihr vom Hals zu reißen.

Was sie zu ahnen schien. Sie legte den Arm schützend vor die Brust, nickte Tante Karla zu und sagte: »Es kann sich nur noch um Wochen handeln, bis bei uns in Österreich die Reichsmark verschwindet und vom guten, alten Schilling abgelöst wird.«

Tante Karla wickelte den Schmuck in ein Tuch, schob das Bündel unter die Bluse und erhob sich mit einem Ruck. Noch auf der Stiege, nachdem sie sich von Herrn und Frau Huber und Fräulein Janowitz verabschiedet hatten, musste sie ihre Wut loswerden: »Die Österreicher! Diese Mustermenschen. Es ist noch keine sechs Jahre her, dass sie den Hitler als ihren geliebten Führer in Wien bejubelt haben, und jetzt führen sie sich plötzlich als Sieger auf und erinnern sich an nichts mehr und schauen auf uns Flüchtlinge herunter wie auf ein räudiges Gesindel.« Das war fast schon eine Rede.

Bernd kümmerten die Österreicher allerdings wenig, er wollte unbedingt wissen, ob Tante Karla tatsächlich für das tägliche Mahl aus dem Küchenkeller zahlen musste.

»Glaubst du, die tüchtige Frau Trübner bekommt Brot und Mehl und Erbsen und Karotten umsonst?«

Er nickte. Tante Karla boxte ihn in die Seite. »Sie lebt von uns, nicht für uns, Primel. So etwas nennt man in Kriegs- und Friedenszeiten *Die Güte selbst.*« Sie schob ihn über die Schwelle ins Freie.

Er schloss für einen Augenblick die Augen, so hell

war das Licht. Dann bahnten sie sich zwischen den Wartenden einen Weg, Tante Karla grüßte unentwegt und dazwischen sagte sie: »Gold kannst du nicht essen, Primel, also was soll's.«

5

Die Draisine

Frau Pluhar hatte sie »mit dem Nötigsten versorgt«, wie sie sagte. Sie konnten sich sogar in ihrem Zimmer waschen und die Zähne putzen. Auf eine Kommode hatte sie einen Wasserkrug und eine große Waschschüssel gestellt. Was Tante Karla allerdings den halben Nachmittag kostete, denn Frau Pluhar hörte nicht auf zu schwätzen. »Diese Frau ist keine Plaudertasche, sie ist ein Plaudersack«, stellte sie danach erschöpft fest.

In der Nacht wurden sie durch Schüsse aus dem Schlaf geschreckt.

»Die Russen schmeißen Eierhandgranaten in die Thaya«, erklärte Frau Pluhar den nächtlichen Lärm, »und die Fische krepieren, weil ihnen die Schwimmblasen platzen. Es ist bequem, so ohne Netz oder Angel zu fischen. Wir haben uns daran gewöhnt. Wenn die Burschen gut gestimmt sind, bekommen wir sogar ein paar Fische geschenkt.«

Tante Karla schickte ihn am Vormittag zum Bahnhof. Es genüge, wenn einer von ihnen aufpasse, und

Zeit zum Packen bleibe bestimmt genug. »Wenn nicht, dann setz dich in den Zug und fahr los.«

»Aber du musst mit!«

»Wir finden uns schon wieder.« Tante Karla konnte sonderbar herzlos sein.

Er schlenderte, blieb stehen, ließ den Kopf hängen. Er fühlte sich sehr allein. Seit Mutters Tod und erst recht seit er mit Tante Karla auf der Flucht war und sie nicht wussten, ob sie überhaupt einmal irgendwo ankommen würden, bekam er solche Anfälle von Einsamkeit. Es schien ihm, als spazierte er mutterseelenallein durch diese kleine Stadt. Als würde er immer winziger, von der Sonne geschmolzen zu einem Punkt. Der Punkt Bernd. Das Pünktchen Primel. Keinem Menschen würde es auffallen.

Er drückte seine Fäuste in die Hosentasche und merkte, dass in einer das Futter so zerrissen war, dass er mit der Hand durchgreifen konnte. Er nahm sich vor, Tante Karla zu bitten, es ihm zu stopfen. Das tat sie ungern, »bloß in Notfällen«.

Er überlegte, ob er am Küchenkeller vorbeisehen sollte, doch jetzt wurde gekocht und es würde noch heißer sein als draußen. Er hielt sich im Schatten. Schon von weitem erkannte er, dass rund um den Bahnhof wenig Betrieb herrschte. Bei dieser Hitze war es den Leuten beinahe egal, ob ein Zug kam oder nicht.

In Gedanken pfiff er vor sich hin und einen streunenden Hund hinter sich her. »Schleich dich«, drohte er. Aber das Hündchen hatte diese Worte offenbar schon zu oft gehört, hielt Abstand und folgte ihm.

Es dauerte nicht lang und die Karawane wurde noch länger. Aus einem der Häuser kamen zwei Kinder, ein Mädchen und ein Junge, und riefen einer Frau zu, die aus dem Fenster schaute: »Wir gehen zum Baden an den Fluss.«

Eine bessere Aussicht gab es nicht. Er lief hinter den beiden her. Sie bemerkten ihn erst, als sie den Fluss erreicht hatten. »Schleich dich!«, rief der Junge und drohte mit der Faust. Das Mädchen widersprach ihm: »Lass ihn doch, Poldi«, sagte sie und zog den Arm des Jungen herunter. »Bist du von den Flüchtlingen?«, fragte sie.

Bernd nickte und näherte sich den beiden vorsichtig, Schritt für Schritt. Das Hündchen ebenso.

»Gehört der dir?«, fragte das Mädchen.

Er schüttelte den Kopf.

»Den wirst du nicht mehr los«, sagte sie.

Der Fluss führte wenig Wasser. Ungeduldig sprang das Hündchen hinein und ließ sich ein Stück treiben.

»Wie lang bist du schon hier?«

Die Frage überraschte Bernd. Er begann zu zählen, Tage und Nächte, und war sich am Ende nicht sicher: »Beinahe eine Woche.«

»Ich bin die Leni.« Sie zog ihr Kleid über den Kopf,

hatte nichts an als ein Unterhöschen und zeigte auf den Jungen: »Das ist der Poldi, mein Bruder. Und wie heißt du?«

»Bernd. Bernd Neureuter. Aber jetzt Orlowski.«

Poldi hatte sich ebenfalls bis auf die Turnhose ausgezogen, trat einen Schritt auf Bernd zu: »Also, wie heißt du wirklich?«

Wenn er es nur genau wüsste. Bernd hatte nie mit Tante Karla darüber gesprochen. Für sie war er erst einmal Primel, im Ernstfall Bernd, und als tschechische Zöllner ihn nach seinem Namen gefragt hatten, hatte sie an seiner Stelle geantwortet: Orlowski. Wahrscheinlich hatte sie vor, ihn nach sich zu nennen, weil sie ja nicht nur seine Tante, sondern auch seine Ersatzmutter war.

Poldi ließ nicht locker, wartete auf Bernds Auskunft.

»Ich heiße jetzt Orlowski, nach meiner Tante. Sie hat mich aufgenommen. Weil mein Eltern nicht mehr leben.«

»Oje«, seufzte Leni, kehrte den beiden Jungen den Rücken zu und ging auf Zehenspitzen ins Wasser.

»Komm!«, forderte Poldi ihn auf. Bernd zog sich bis auf die Unterhose aus.

Der Fluss roch nach toten Fischen, nach Gras. Für einen Augenblick sah sich Bernd im Schwimmbad daheim, zusammen mit Mutter. Er tauchte unter, hielt den Atem an, bis er nicht mehr konnte, drückte sich vom schlammigen Boden ab, kam hoch, holte tief Luft und fühlte sich ganz frisch.

Leni deutete den Fluss hinauf: »Weiter oben«, sagte sie, »baden immer die Russen. Du glaubst gar nicht wie. Entweder in Uniform oder nackig. Manchmal fischen sie mit Handgranaten. Dann treiben die toten Fische herunter.« Sie klatschte mit beiden Händen aufs Wasser. »Fangt mich doch! Wer zuerst bei mir ankommt, ist Sieger.«

»Und was kriegt der?«, fragte Poldi.

»Nix.« Sie schüttelte sich das Wasser aus dem Haar. »Nix«, wiederholte sie und schwamm mit der Strömung, schnell, ein weißer Fisch.

Beide Jungen starteten gleichzeitig.

Bernd stellte erleichtert fest, dass Poldi nicht kraulen konnte wie er. Ohne Mühe überholte er seinen Rivalen. Der nahm sich immerhin die Zeit, ihm hinterherzuschimpfen: »Das ist Beschiss!«

»Was?«

Der Poldi gurgelte bloß noch.

Wenn das Wasser vor Bernd aufschäumte, blitzte und blinkte es, als weiche die Sonne in ihm auf. Vielleicht, dachte er, wird alles besser. Leni hatte aufgehört zu schwimmen, stand auf dem Grund. Das Wasser reichte ihr bis zum Hals.

Er ließ sich auf sie zutreiben, berührte mit dem Kopf ihre Brust. »Sieger!«, rief er.

Für einen Augenblick nahm sie ihn in die Arme, drückte ihn an sich, dann stieß sie ihn weg. »Jetzt legen wir uns in die Sonne, bis die Hosen trocken sind«, entschied sie.

Dazu kam es nicht. Kaum hatten sie einen Platz gefunden, die Köpfe im Schatten einer Weide, sich ein bisschen geräkelt und Poldi den nassen Gummizug seiner Hose auf den Bauch pitschen lassen, räusperte sich hinter ihnen jemand. Er räusperte sich so, dass alle drei wie auf Befehl den Kopf in den Nacken legten und den Mann von unten sahen, wie einen schwarzen Turm. Bernd kannte ihn inzwischen, den fabelhaften Herrn Maier, wie ihn die Frauen aus der Küche nannten. Poldi schien ihn anders zu kennen. Ohne erschreckt oder verwundert zu sein, stellte er fest: »Der Herr Doktor.« Und Leni ergänzte: »Der Herr Doktor Maier.«

Vermutlich hieß er so. Obwohl Tante Karla der Meinung war, auf den Namen Maier zu kommen, müsse man sich noch weniger anstrengen, als wenn man sich Müller nennen wolle.

»Aufstehen! Liegt hier nicht so faul herum.«

Bernd setzte sich auf. Seine beiden neuen Freunde blieben steif wie Bretter liegen.

»Sie haben uns nichts zu befehlen«, erklärte Poldi, ein bisschen stockend.

»Wer hat dir das weisgemacht?« Er lachte. Bernd fand ihn verrückt und fremd an diesem Ort, zu dieser

Jahreszeit – in seinem schwarzen Anzug, die schwarzen Lackschuhe blank geputzt, das schwarze Haar glatt nach hinten gekämmt. Nur seine Augen waren nicht schwarz, sie waren grau wie ein wolkenverhangener Himmel.

Poldi lag noch immer, verschränkte die Arme hinter den Kopf, während Leni sich ebenfalls aufsetzte und so nah an Bernd rückte, dass ihre Arme sich berührten. Sie hat Angst vor dem Maier, dachte er. Er drückte seinen Arm gegen ihren.

»Sie dürfen gar nicht mehr befehlen. Damit ist es aus. Sonst melde ich Sie.« Poldi sprach so, als ahmte er einen Erwachsenen nach. Der Mann nickte ihm aufmunternd zu: »Wenn dir nichts Besseres einfällt, dann melde mich eben. Doch überleg dir, bei wem.« Dann wandte er sich Bernd zu: »Schön, dass du schon Freunde gefunden hast. Die beiden werden dich sicher nicht langweilen.«

Als müsse es sich melden, tauchte das Hündchen auf. »Noch ein Freund«, der Mann lachte.

Bernd spürte Lenis Arm.

»Habt ihr Lust auf ein Abenteuer?« Maier gab nicht auf. »Ein wirklich einzigartiges Abenteuer?«

Bernd warf Poldi einen fragenden Blick zu. Der schien Lust zu haben. Er drehte sich blitzschnell auf den Rücken, setzte sich auf und blinzelte gegen die Sonne.

»Ich hab nicht allzu viel Zeit. Also kommt mit.«

»Aber wehe, Sie schummeln!«, murmelte Poldi.

Sie liefen im Gänsemarsch hinter dem fabelhaften Herrn Maier her, alle drei in Unterhosen, die Kleider über dem Arm. Am Schluss folgte das Hündchen.

»Ist es noch weit?«, fragte Leni schon nach wenigen Schritten.

»Ein bissel weiter als deine Geduld.« Herr Maier fasste Bernd am Arm, zog ihn neben sich: »Fräulein Janowitz hat mir erzählt von dem Besuch deiner Tante beim Huber und dass sie Schmuck getauscht haben. Es wäre gescheiter, sie würde sich gleich an mich wenden. Ich kann ihr weiterhelfen. Sag ihr das. Und vergiss es nicht.«

»Bestimmt nicht«, versicherte Bernd. Aber geheuer war ihm Herr Maier nicht.

Wortlos stapften sie auf einem schmalen Schlängelpfad zwischen Büschen und Krüppelbäumen hinter Herrn Maier her. Bis Leni feststellte, ihre Hose sei trocken. Bevor sie sich das Kleid überzog, schlug sie auf ihrem Bauch eine Mücke tot.

»Hier!«, sagte der fabelhafte Herr Maier. »Da sind wir.« Sie waren an einer Lichtung angelangt. Gelbes, räudiges Gras breitete sich aus wie ein Hundefell. Aus dem Nichts kamen Schienen, ein Bahngleis, und auf dem stand ein Wagen, ein Gerät, wie es Bernd noch nie gesehen hatte. Herr Maier wies einladend mit beiden

Armen auf das merkwürdige Ding. »Na, was meint ihr, was das ist?«

Langsam näherten sie sich. »Das ist das Gestell von einer Lokomotive«, meinte Leni nachdenklich, worauf Herr Maier in die Hände klatschte: »So könnte man es nennen«, stimmte er Leni zu, »das Ding wird Draisine genannt. Erfunden von einem Herrn Drais. Schaut es euch nur an. Es ist ein Holländer auf Schienen.«

Leni traute sich als Erste. Sie kletterte auf die Plattform, setzte sich auf eine der beiden hölzernen Bänke, verschränkte die Arme vor der Brust und schrie: »Kommt doch!« Die Buben ließen sich nicht zweimal bitten und das Hündchen folgte ihnen. Sie saßen nebeneinander, schauten auf das Gleis, das am Ende der Lichtung im Wald verschwand.

Der fabelhafte Herr Maier erklomm nun ebenfalls die Draisine, quetschte sich zwischen Bernd und Poldi auf die Bank und führte ihnen vor, was der Schienenwagen konnte. Er löste mit einem kurzen Hebel die Bremse, umfasste mit beiden Händen den Griff an der langen Stange, drückte sie von sich weg und zog sie wieder an sich. Der Wagen begann sich zu bewegen.

»Die fährt!«, rief Leni.

»Ich glaub's nicht«, flüsterte Poldi.

Bernd hatte es einfach die Sprache verschlagen. Er befand sich nicht mehr in Laa an der Thaya, diesem Kaff, von dem er vor ein paar Tagen noch keine Ahnung hatte. Wo fast alle Menschen auf einen Zug warteten. Er fuhr! Er fuhr mit einem Zug, den es gar nicht geben konnte. Er fuhr aus Laa an der Thaya direkt in einen Traum.

»Darf ich auch mal?«, fragte er Herrn Maier. Der überließ ihm wortlos die Treibstange, die sich fast von alleine bewegte. Bernd gab noch mehr Druck. Der Wagen wurde immer schneller. Bernd brauchte kaum mehr Kraft, um die Stange hin und her zu drücken. Er hielt das Gesicht in den Wind, fühlte sich wunderbar frei.

Leni legte den Arm um ihn: »Das ist groß«, sagte sie.

»Schluss!« Herr Maier stand auf, machte einen langen Schritt um die Stange herum, nahm Platz auf der Bank gegenüber. Behutsam schob er Bernds Hände von dem Griff und zog dann die Bremse. »Wir fahren zurück.«

Leni staunte: »Der kann auch rückwärts fahren?«

»Wie du willst«, sagte der Herr Maier, »vorwärts ist auch rückwärts und rückwärts ist auch vorwärts. Doch wenn ich den Wagen vorantreibe, sitze ich immer auf der Bank, auf der ich nach vorn schaue.«

Gemächlich rollten sie zurück.

Bernd spürte, wie das Glück aus seiner Brust wich. »Schade«, sagte er.

Herr Maier versprach ihnen, mit dem Huber, dem

Bahnhofsgeneral, zu sprechen: »Wenn für den Tag kein Zugverkehr gemeldet ist, könnt ihr vielleicht auch mal eine längere Strecke fahren, könnt ihr richtig verreisen.«

»Das wär wunderbar.« Leni sprang vom Wagen und rief Bernd zu: »Fang mich auf.« Er war nicht so schnell, wie sie rief.

Der fabelhafte Herr Maier verabschiedete sich. »Servus«, sagte er und beugte sich zu Bernd: »Vergiss nicht, deiner Mutter mitzuteilen, was ich dir aufgetragen habe.« Dabei fuhr er sich mit dem Handrücken über die Jacke, obwohl da kein Stäubchen war, das er wegputzen musste.

Sie liefen langsam hinter ihm her. Das Hündchen wieder am Schluss. Poldi zog hörbar Luft durch die Nase: »Der ist ein Schwindler, ein Schieber, die Amerikaner suchen ihn, hat die Mutter gesagt. Wahrscheinlich ist er ein großer Nazi gewesen. Den Russen, sagt die Mutter, ist es egal, weil er mit ihnen Geschäfte macht.«

»Aber er hat uns das tolle Ding gezeigt«, sagte Leni. »Die Draisine.«

»Ja. Die Draisine.«

Bernd war in Gedanken weit weg. Er fuhr auf einem schnurgeraden Gleis in ein Land, wo er Vater und Mutter wieder fand. Dort hatte es nie Krieg gegeben.

»Sehen wir uns wieder?«, fragte er Leni und Poldi.

»Wenn du magst«, sagte Leni.

»Morgen am Bahnhof«, schlug Bernd vor.

Sie liefen auseinander. Bernd wünschte sich, dass der Tag noch einmal anfange, mit dem Bad in der Thaya.

Das Hündchen entschied sich rasch. Es lief ihm nach.

6

Der falsche Fuß

Er schaffte es nicht, das Hündchen zu vertreiben. Mehrfach schrie er »Schleich dich«, da er annahm, dass es Österreichisch verstand. Er drohte, warf mit kleinen Steinen nach ihm und stampfte wütend mit dem Fuß.

Das Tier saß in einem Abstand von drei Metern und verfolgte aufmerksam alle seine Versuche. Vielleicht haut er ab, wenn ich ernsthaft mit ihm rede, dachte er. »Du kannst nicht mit, Hund. Die Frau Pluhar wird es nicht erlauben und Tante Karla erst recht nicht. Sie wird dich packen und zum Fenster hinausschmeißen. Wirklich. Glaub es mir.«

Das Hündchen hörte ihm interessiert zu, den Kopf schief gelegt, doch es rührte sich nicht von der Stelle. Es hatte ihn und keinen anderen gewählt. Da saß er, ein kleiner pechrabenschwarzer Schnauzer mit aufgeregtem Stummelschwanz.

»Komm«, sagte er schließlich leise. Mit ein paar Sätzen war das Hündchen bei ihm und sprang an ihm hoch. Er streichelte seinen Kopf. »Bestimmt jagen die

Frauen dich fort. Die können das. Aber dann gib mir keine Schuld, verstehst du.«

Auch das schien das Hündchen zu begreifen. Es hörte auf, ihn zu bestürmen, setzte sich vor ihm hin und gab ein paar fiepsende Töne von sich. »So ist das«, Bernd nickte ihm zu.

Als sie auf das Haus zugingen, hielt sich das Tier eng neben ihm.

Seit sie auf der Flucht waren, verschätzte er sich in Erwachsenen. Manchmal sogar in Tante Karla, obwohl er die in- und auswendig kannte. Sie drehte allerdings, wie er es erwartet hatte, durch. »Was ist das?«, fragte sie und zeigte mit ausgestrecktem Zeigefinger auf das Hündchen, als wolle sie es sofort erstechen.

»Das siehst du doch«, murmelte er und machte sich klein. Das Tier spürte Tante Karlas Wut und drückte sich gegen seine nackten Beine.

Tante Karla ließ den Hund nicht aus den Augen. Sie saß am Tisch, hatte gelesen. »Ich sehe etwas, was ich auf keinen Fall sehen möchte. Um nichts in der Welt. Und ich bitte dich, das Ding da unverzüglich wegzuschaffen.«

Das Hündchen begann zu winseln. Bernd antwortete ihr mit einem festen »Nein«.

»Hast du den Verstand verloren? Soll ich auch noch einen herrenlosen Köter durchfüttern?« Sie legte die Hand auf die Brust, was sie stets tat, wenn sie sich aufregte. »Du genügst mir, mein Junge. Auf dich habe ich auch nicht gewartet.« Sie merkte, dass sie zu weit gegangen war und presste die Lippen zusammen.

Bernd schossen die Tränen in die Augen. So hatte sie noch nie mit ihm gesprochen.

Ohne anzuklopfen, betrat Frau Pluhar das Zimmer. Ihr Kopf war mit einem Dutzend Lockenwicklern bestückt, darüber ein Handtuch – sie sah aus wie eine Beduinenfrau. Sie öffnete den Mund, schloss ihn wieder und schaute alle nacheinander an. Erst Tante Karla, die auf ihrem Stuhl sichtbar zusammenschnurrte, dann Bernd, der tapfer den prüfenden Blick aushielt, und endlich das Hündchen, das regungslos dasaß. Was sie danach sagte, traf Bernd wie ein Schlag: »Wir können das Hundi ja schlachten. Bei der Fleischknappheit, die zurzeit herrscht.«

Er hockte sich neben das Tier und zog es an sich. Er fürchtete das Schlimmste. Frau Pluhars breites Gesicht verzog sich zu einem Lächeln. »So, wie es ausschaut«, sagte sie, »hat sich ungefragt ein weiterer Flüchtling in mein Haus eingeschlichen.« Sie trat einen Schritt auf Bernd zu. Das Hündchen begann zu zittern. »Vor mir muss der keine Angst haben. Meinetwegen kann er bleiben, solang es ihm bei dir gefällt.« Damit hatte Bernd nicht gerechnet. Er glaubte nicht richtig zu hören. Es geschah ein Wunder.

»Wie heißt es denn, dein Hundi?«, fragte Frau Pluhar. Ihm gefiel es, wie sie »Hundi« sagte. Er antwortete rasch und schaute auf das Hundchen: »Ganz einfach Hundi. Stimmt's, Hundi?«

Diese Einigkeit wurde Tante Karla zu viel: »Und wer sorgt für das Futter? Was wird mich das kosten?«

Frau Pluhar reagierte freundlich und energisch: »Darum müssen Sie sich nicht kümmern, solange Sie hier bleiben. Auf den Zug darf das Hundi sowieso nicht mit. Die Leute würden ihn totschlagen.«

»Aber« – wollte Bernd widersprechen.

Frau Pluhar fiel ihm rasch ins Wort: »Schau ihn dir an, den Hundi, er ist ein Streuner, ein Flüchtling. Und er ist, im Gegensatz zu euch, ganz sicher, schon angekommen zu sein. Also lass ihn.« Erstaunlich behände ging sie in die Knie und nahm den Kopf Hundis zwischen ihre großen Hände. »Ich hab noch ein Halsband für ihn.« Ebenso leicht richtete sie sich auf und lud sie beide zu einem Kaffee ein. »Kein richtiger schwarzer. Aber fünf Bohnen habe ich hineingetan zur gebrannten Gerste. Und bringen Sie Hundi mit.« Sie wandte sich ausdrücklich an Tante Karla. »Er wird hungrig sein.« Tante Karla ließ sich nicht so mir nichts, dir nichts umstimmen. Sie verzog keine Miene. »Das ist Sache des Jungen. Es ist sein Hund.«

Der Kaffee von Frau Pluhar schmeckte wie Tee, der ein bisschen nach Kaffee schmeckte.

Bernd zog es vor, bald mit Hundi zu verschwinden.

»Pass auf und stell nichts an«, rief Tante Karla ihm nach. Frau Pluhar fügte noch eine Warnung hinzu: »Überall liegen noch Blindgänger und Waffen herum.«

Hundi war tatendurstig und vor allem satt. Frau Pluhar hatte ihm ein Schüsselchen mit Haferschleim vorgesetzt. Sie war sicher, dass dieser Fraß vorhalten werde. Er zementiere Magen und Darm. »Da muss sich der Hundi eben schon tüchtig bewegen.«

Draußen war es so heiß, dass Bernd kurz der Atem stockte. Es herrschte wirklich dicke Luft. Sie war kaum zu atmen. Schon als er Hundi beobachtete, wie er den Haferschleim herunterschlang, hatte ihn der Hunger geradezu überfallen. Aber Tante Karla hatte anscheinend keine Lust, bei der Hitze im Küchenkeller ihre Portion zu holen.

Er wusste nicht, wie spät es war. Vielleicht gab es noch etwas. »Komm, Hundi!« Das Tier folgte ihm aufs Wort.

Bernd wäre lieber gerannt, doch dann hätte er sich in Schweiß aufgelöst. Hundi hechelte und ließ die Zunge aus dem Maul hängen. Bernd hatte Glück. Er bekam sein Essgeschirr gefüllt. Der Eintopf war nur lauwarm, nicht so heiß wie die Luft. Ihm verging der Appetit. Mechanisch löffelte er die Schale leer. Am Ende rülpste er so heftig, dass Hundi einen Satz machte und ihn verdutzt anschaute.

Er lief zum Bahnhof. Herr Huber stand in einem

Kreis von Frauen und hielt eine Ansprache. Bernd hörte gerade noch, dass er sich mit den Besatzungsmächten im Besonderen und der Macht im Allgemeinen beschäftigte. Herr Huber war noch immer bartlos. »Sag deiner Mutter, in dieser Woche ist mit keinem Zug zu rechnen.«

»Ich werd's der Tante ausrichten.«

»Was?«, fragte Herr Huber.

»Nichts.«

Bernd begann sich in Laa einzurichten. Er hatte in Hundi einen Begleiter, in Poldi und Leni Freunde gefunden und die Bekanntschaft mit dem fabelhaften Herrn Maier versprach noch eine Menge Abenteuer.

Nach einer Weile fiel ihm auf, dass er genau den Weg eingeschlagen hatte, den sie über die Grenze gekommen waren. Das lag nun schon mehr als eine Woche zurück. Die Bäume rückten näher zusammen, der Wald wurde dunkler und kühler. Hundi kannte sich aus. Er verschwand manchmal im Unterholz und tauchte, Bernd überraschend, an anderer Stelle wieder auf.

Hier, erinnerte sich Bernd, war ihm noch schlecht gewesen von der Ziegenmilch, die er jenseits der Grenze auf einem Bauernhof zu trinken bekommen hatte. Tante Karla meinte, so viel Fett auf einmal habe sein Magen seit Monaten nicht mehr aushalten müssen.

Er steuerte auf eine kleine, offene Scheune zu, in der

sie damals gerastet hatten. Damals waren seine Hände so wund, dass er die Koffer kaum mehr tragen konnte.

Er rief nach Hundi. Der Graben neben dem Weg war an einer Stelle aufgefüllt und dadurch ein Übergang zur Wiese. Es stank süß und faul und in einer Rinne in dem mürben trockenen Grasboden hatten sich schwarze Fliegen zu einer Traube geballt. Der Hund stemmte sich gegen die Vorderbeine und jaulte leise.

Bernd machte einen Schritt auf den Fliegenhügel zu und schlug mit den Armen um sich. Die Fliegen schwirrten auf und davon. Ein Fuß wurde sichtbar. Oder das, was einmal ein Fuß gewesen war.

Er starrte darauf. Hundi wich zurück. Bernd ebenso. Doch er kam nicht weit. In unmittelbarer Nähe ging ein Schuss los. Hundi machte einen Satz und verschwand im Graben.

Am Waldrand tauchten zwei Rotarmisten auf und liefend schreiend und gestikulierend auf Bernd zu. Einen Moment hüpfte er verzweifelt hin und her, dann rannte er los, Hundi hinter ihm her.

Die Soldaten waren schneller. Der eine Rotarmist hielt sich hinter ihm, der andere versuchte, ihm den Weg abzuschneiden. Bernd gab auf. Einer packte ihn im Nacken, der andere pflanzte sich vor ihm auf. Wütend redeten sie auf ihn ein. Er verstand kein Wort. Als die Russen in Brünn einmarschierten, hatte ihm Tante

Karla halb im Spaß, halb im Ernst geraten, Russisch zu lernen. Jetzt könnte er's brauchen. Hundi, der ihn und die Rotarmisten anfangs umkreist hatte, biss dem einen in die Stiefel und bekam dafür einen heftigen Tritt. Klagend ging er auf Distanz. Bernd rächte sich und biss dem einen in den Arm. Wofür der ihm eine Ohrfeige gab.

Sie nahmen ihn zwischen sich und schleppten ihn mit. Er konnte sich nicht erklären, weshalb sie ihn so behandelten. Er hatte nichts Strafbares getan. Dass in der Aufschüttung wahrscheinlich ein toter Mensch lag, hatte er zufällig entdeckt. Er versuchte sich loszureißen. Die Soldaten hielten ihn noch fester und lachten. Hundi schlich mit hängender Zunge neben ihnen her und war darauf gefasst, getreten zu werden.

Lauter nutzlose Sätze gingen Bernd durch den Kopf: Es ist wahr, was Tante Karla behauptet: Wenn es sehr heiß ist, singen die Vögel nicht. – Bestimmt werden Leni und Poldi morgen nicht auf mich am Bahnhof warten. – Ob sich der Huber wieder einen Bart wachsen lässt? – Ich möchte nach Hause.

Herr Maier fiel ihm ein, von dem behauptet wurde, er wohne in der Russensiedlung. »Ich sage es dem Doktor Maier«, sagte er.

Der Satz wirkte Wunder. Die Soldaten ließen ihn los. »Doktorr Maierr!« Die Rotarmisten strahlten, nickten ihm zu, redeten. Und einer von ihnen konnte plötzlich zwei Worte Deutsch: »Komm mit.« Der andere schubste ihn: »Dawai!«

Hundi verstand beides und setzte sich in Bewegung. Die Soldaten und Bernd folgten ihm. Er dachte nicht mehr daran, abzuhauen. Es ging ohne Zweifel zu dem fabelhaften Herrn Maier.

Sie verließen den Weg, durchquerten einen Bach, der so gut wie kein Wasser mehr führte, dafür aber Schnaken anzog, liefen durch ein Wäldchen und wurden von einer schmalen Betonpiste empfangen, die zwischen hübschen, weiß getünchten Häusern hindurchführte.

Vor einigen Gartentoren hielten Rotarmisten Wache. Ein Posten ließ sie vorbei. Die Soldaten blieben hinter ihm und riefen: »Doktor Maier.« Als machte es ihnen besonderen Spaß, ihn hier abzuliefern.

Fein, in Schwarz gekleidet, saß Herr Maier in einem kleinen Büro, das bestimmt nicht seiner Bedeutung entsprach. Er saß nicht einmal allein. Ihm gegenüber, an einem zweiten Schreibtisch, arbeitete ein russischer Offizier. »Doktor Maier?«, fragten die Soldaten und hörten überhaupt nicht auf zu erzählen. Manchmal zeigten sie auf Bernd, einmal auf Hundi, der zu verdursten drohte. Seine Zunge schleifte auf dem Boden.

Doktor Maier drehte seinen Stuhl so, dass er direkt vor Bernd saß.

»Sind Sie hier der Dolmetscher?«, fragte Bernd.

»Das auch.« Herr Maier blieb sehr ernst: »Was hast du bei den Gräbern gesucht?«

»Das sind doch keine Gräber, wenn ein Fuß rausguckt.«

»Ich will wissen, weshalb du dich gerade dort herumgetrieben hast.«

»Ich weiß nicht.« Womit er die Wahrheit sagte. Er wusste es wirklich nicht. Vielleicht, weil er ein Stück zurückgehen wollte auf dem Weg, der ihn so geschlaucht hatte. »Aber das Grab ist doch nicht verboten.«

»Doch.« Herr Maier beugte sich nach vorn, stützte sich mit den Armen auf der Lehne ab und sprach leise, als verrate er Bernd ein Geheimnis: »Es ist noch immer Krieg, Junge. Du bist auf ein falsches Grab gestoßen, eines, das es eigentlich gar nicht geben darf.«

Bernd verstand nichts. Herr Maier redete in Rätseln und wurde noch leiser.

»Weißt du, was Wlassow-Soldaten sind?«

Er wusste es. Über die wurde am Schluss des Krieges immer wieder geredet. Ein russischer General namens Wlassow hatte eine Armee zusammengestellt, die auf der Seite der Deutschen gegen die Bolschewisten kämpfte. »Ja«, sagte er. Doch Herr Maier schien an seiner Kenntnis zu zweifeln: »Sie waren Feinde der Roten Armee, Verräter. Die hier wurden auf der Flucht erschossen. Sie hielten sich in den Wäldern der Umgebung versteckt. Ihre Gräber gehen uns nichts an. Verstehst du?«

Er verstand nicht. »Tote sind doch keine Feinde mehr.«

Herr Maier lehnte sich zurück, zündete sich eine Zigarette an, warf dem Offizier am Schreibtisch gegenüber einen Blick zu: »Hast du eine Ahnung, mein Junge. Es ist furchtbar, aber wahr. Selbst wenn du tot bist, hast du noch Feinde.« Er schnalzte Hundi zu und wischte sie beide mit einer Handbewegung aus dem Zimmer: »Du kannst gehen.«

»Und die Russen?«

»Die wollen nichts mehr von dir. Wir sehen uns ja bald.«

»Ja?«

»Haut schon ab, ihr zwei.«

Bernd drehte sich rasch auf dem Absatz um. Hundi wartete schon an der Tür. Solange er an den weißen Häusern entlangging, vorbei an den russischen Posten, hielt er sich zurück, doch kaum hatte er die Siedlung hinter sich, rannte er.

Tante Karla wartete mit dem Abendbrot, war jedoch so mürrisch, dass sie ihn nicht ausfragte. Sie wunderte sich auch nicht, als er sich nach dem Essen gleich ins Bett zurückzog. Hundi verschwand darunter, in seiner Höhle, und gab kein Tönchen von sich.

7

Sitzen geblieben

Tante Karla weckte ihn, aufgeregt, die Koffer standen gepackt um sie herum, wie eine kleine Herde.

»Steh auf, Primel, es ist alles schon gepackt! Sogar die Wintersachen habe ich untergebracht. Der Huber hat jemanden hergeschickt. Es soll ein Zug kommen.«

Alles ging viel zu schnell. Er kam mühsam zu sich, Tante Karla rüttelte ihn ungeduldig. »Los, los!« Sie habe ein Brot für ihn gestrichen, er könne unterwegs frühstücken.

»Los, los, Primel!« Sie versuchte, ihm beim Anziehen zu helfen und brachte alles durcheinander.

Er wehrte sich gegen ihre Hast. »Wenn du so weitermachst, ziehe ich die Hose noch verkehrt rum an.«

Tante Karla ließ sich nicht bremsen: »Damit würdest du auch nicht auffallen.«

Über Nacht war das Wetter umgeschlagen. Es war zwar noch sehr warm, doch schwarze Wolkentürme zogen träge über die Stadt hinweg. Bernd trug wieder, neben seinem »persönlichen« Rucksack, die beiden leichten Koffer und spürte, wie die grindigen Wunden in der Hand wieder anfingen zu schmerzen.

Tante Karla rannte vor ihm her. Plötzlich blieb sie stehen und er lief in sie hinein. »Ich wollte dir nur sagen« – sie schien über sich selbst den Kopf zu schütteln –, »dass du dein Frühstücksbrot erst auf dem Bahnhof bekommst. Jetzt hast du ja beide Hände voll.«

Er steuerte an ihr vorbei, schaute sich nicht nach ihr um. Und er blieb vor ihr, bis sie am Bahnhof anlangten, um den es von kreischenden, schreienden Menschen wimmelte, die Gepäck auftürmten und sich gegenseitig den Platz streitig machten.

Bernd ließ einfach beide Koffer fallen und setzte sich auf einen. Tante Karla tat das Gleiche. Sie stieß die Luft aus, betrachtete das Spektakel und sagte zornig: »Also, jetzt fehlen bloß noch Donner und Blitz und ein ordentlicher Regenguss.« Worauf es, wenn auch noch in der Ferne, blitzte und donnerte, als gehorche der Himmel Tante Karla.

Oben, im ersten Stock des Bahnhofsgebäudes, wurde ein Fenster aufgerissen und Herr Huber sichtbar. »Ruhe!«, brüllte er. »Ich bitte um Ihre Aufmerksamkeit.«

»Der kommt sich vor wie ein kleiner Hitler«, murmelte Tante Karla, »der stand auch mit Vorliebe in Fenstern oder auf dem Balkon und schwang Reden.«

Aber jetzt redete der Bahnhofsvorstand Huber: »Der Zug, auf den wir warten, fährt außerplanmäßig.«

»Als ob es überhaupt einen Plan gäbe ...« Tante Karla schaffte es nicht, ihren Mund zu halten.

»Es ist ein Militärzug. Er wird hier entladen. Die sowjetischen Soldaten werden hier aussteigen. Er sollte leer weiterfahren, aber wir haben die Genehmigung, Zivilpersonen zusteigen zu lassen. Der Zug fährt voraussichtlich bis Krems.«

»Na ja, dann haben wir uns schon ein bissel weiter bewegt.«

Zum ersten Mal wurde Bernd klar, dass er überhaupt keine Ahnung hatte, wohin Tante Karla wollte. »Wohin möchtest du eigentlich?«, fragte er sehr leise, für Tante Karlas spitze Ohren laut genug.

»Nach Wien«, antwortete sie ebenso leise, als fürchtete sie, die ganze Horde könnte ihr folgen.

Herr Huber hatte seine Ansprache noch nicht beendet. Er bat die Wartenden, die russischen Offiziere und Soldaten ungestört aussteigen zu lassen. Das dicke Ende kam nun, er sprach noch um eine Spur lauter: »Der Zug besteht nur aus drei Waggons«, brüllte er. »Es werden also nicht alle von Ihnen mitreisen können. Ich bitte um äußerste Disziplin. Wenn es zu Ausschreitungen kommt, werde ich die sowjetische Militärpolizei rufen. Das ist ernst gemeint. Sie können es mir glauben.«

Sie glaubten es ihm. Blitz und Donner setzten den Schlusspunkt. Er schloss das Fenster und erschien kurz danach vor dem Bahnhof, die Uniformmütze in die Stirn gezogen.

Hubers Ankündigung hatte die Menge in Unruhe versetzt. Jeder versuchte, besonders schlau zu sein und dem andern nicht zu verraten, wohin er drängte – nach vorn, an den Bahnsteigrand.

»Bleib sitzen, Primel«, mahnte Tante Karla.

Der Zug kam nicht. Es wurde Mittag, die Leute hatten sich längst entspannt und waren wieder vom Bahnsteig abgerückt. Der Zug war doch wohl nicht mehr als ein Gerücht.

Doch Herr Huber bestand darauf, korrekt unterrichtet zu sein. »Unser Diensttelefon funktioniert schon längst wieder«, versicherte er.

»Vielleicht ist er entgleist«, rief jemand.

»Das bekäme ich erst recht gemeldet.«

Herr Huber hielt den Vorwürfen stand, gut unterrichtet und trotzdem ratlos.

Frau Huber schaute gemeinsam mit ihrer Freundin Janowitz aus dem Fenster und gab ihrem Mann nicht Recht: »Es war schon öfter so, dass uns ein Zug angesagt wurde, der schließlich ausblieb«, rief sie ihm zu.

Es gelang ihr nicht, ihn aus der Fassung zu bringen. »Du hast doch überhaupt keine Ahnung vom Bahnverkehr.«

Frau Huber zog es vor, ein hochmütiges Gesicht zu

machen und ihren Mann schweigend zu übersehen. Bernd döste vor sich hin, hörte und sah nichts mehr.

Tante Karla redete mit sich selber: »Wie Tiere werden wir behandelt. Wir werden auseinander getrieben und wieder zusammen. Verreckt einer von uns, geht es niemanden was an. Was kann ich dafür? Nichts. Und der große Führer, dem ich das verdanke, hat sich davongestohlen. Der Deibel wird ihn hoffentlich geholt haben.«

Ein Schatten fiel über Bernd, und eine Hand legte sich schwer auf seine Schulter: »Wie geht's, Reisender?« Er musste nicht hochschauen. Schatten und Stimme verrieten den fabelhaften Herrn Maier. Er kauerte sich neben Bernd hin, fein angezogen, wie für ein Fest. Auf der breiten Stirn nicht eine einzige Schweißperle, die schwarzen Haare mit Pomade geglättet. »Schade, dass du uns verlassen willst.«

Tante Karla war schneller mit ihrer Antwort als Bernd: »Glauben Sie, wir wollen in diesem Kaff verkommen?«

Herr Maier blieb ruhig und höflich, und Bernd fand, er lächle wie ein Pfarrer. »Ich weiß, dass für die nächste Zeit bei weitem bessere Transportmöglichkeiten angesagt sind als dieser Kurzzug jetzt.«

»Was Sie nicht alles wissen.« Herr Maier forderte Tanta Karla geradezu heraus, schnippisch zu reagieren. »Sie sind wohl der heimliche Kommandeur?«

»Das können Sie sehen, wie Sie wollen, gnädige Frau.«

Ein schneidender Pfiff beendete das Gespräch, riss die Wartenden aus ihrer Trägheit. Manche fassten vor lauter Schreck nach dem falschen Koffer und stritten sich mit dem wahren Besitzer. Andere drehten sich wie Kreisel suchend um sich selbst. Wieder andere sprangen wie Geißböcke über Koffer und Bündel, um als Erste am Bahnsteigrand zu stehen.

»Ich helfe Ihnen.« Herr Maier nahm zwei Koffer und bahnte ihnen den Weg.

Sehr langsam näherte sich der Zug. Die Langsamkeit zerrte an ihren Nerven. Tante Karla schob einer Frau, die sich vor sie gedrängt hatte, den Koffer mit voller Wucht in die Kniekehlen. Als die aufschrie, nickte sie zufrieden.

»Ich bitte Sie«, sagte Herr Maier, womit er Tante Karla auf den Siedepunkt brachte: »Bitten Sie mich um nichts, Sie scheinheiliger Patron, Sie undurchschaubarer Herr Doktor, Sie Erscheinung aus der braunen Vergangenheit, bitten Sie mich um nichts, sonst platze ich!«

In dem Augenblick, als Tante Karla platzen wollte, hielt der Zug an. Wie auf Befehl gingen an allen Waggons die Türen auf, und es sprangen russische Soldaten heraus, die Maschinenpistole schützend vor der Brust, und drängten und drückten die Wartenden mit Gewalt zurück. Leute verloren den Halt, stürzten und wurden von anderen wieder hochgerissen.

»Pass auf deine Koffer auf, sonst werden sie noch platt getrampelt.«

Sogar Herr Maier geriet aus der Fassung. »So geht es ja auch nicht«, sagte er. Seine Empörung half ihm ebenso wenig wie ein russischer Satz, den er einem der Offiziere zurief. Der grinste und zog die Schultern hoch.

Bernd hielt die Koffer krampfhaft in der Hand und bekam, eingekeilt zwischen Erwachsenen, kaum mehr Luft. Noch immer stiegen Soldaten aus den Wagen. Bernd begann mit den Ellenbogen zu drücken und zu stoßen und sammelte dafür Beschimpfungen ein: »Saukerl, Rotzjunge, Flegel.« Tante Karla und der fabelhafte Herr Maier waren von seiner Seite verschwunden.

Plötzlich änderte sich die Bewegung der Menschen. Es gab einen Ruck, ein Aufstöhnen, alles stürzte nach vorn. Die Russen hatten den Weg frei gegeben. Bernd wurde einfach mitgerissen, halb stolpernd, halb getragen. Seine Koffer hielt er krampfhaft fest. Er wurde geschoben. Eine kräftige Hand hob ihn: »Rein in den Kasten!«

Der Wagen war bereits überfüllt. Bernd stand auf dem Gang und konnte sogar zum Fenster hinausschauen. Allerdings auf die falsche Seite. Dort, wo ein Gleis in den Wald hineinlief, wartete die Draisine auf ihn. Er hatte sich mit Leni und Poldi verabredet, aber sie waren nicht aufgetaucht. Sie hätten zusammen mit der Draisine verreisen können, wenn der blöde Russenzug nicht gekommen wäre und alles verändert hätte. Mit jedem Gedanken wurde er trauriger. Und erst jetzt merkte er, dass Tante Karla fehlte. Er wurde vor Schreck steif, danach versuchte er hochzuspringen, um über die anderen hinwegzuschauen. Er blieb zwischen den Leibern stecken, die sich noch fester zusammendrängten, ihn quetschten. »Tante Karla!«, schrie er. »Tante Karla!«

»Halt die Schnauze«, sagte eine Frau. Als er noch einmal rief, schob sich eine Hand von hinten an seiner Backe lang und drückte ihm den Mund zu. »Du wirst eine Weile auch ohne deine liebe Tante auskommen.«

»Ich will raus!«, schrie er gegen die Hand, biss hinein und bekam einen harten Schlag gegen Nase und Mund. Er spürte, wie ihm Blut aus der Nase sickerte. Er wollte nicht weinen, sich nicht vor dieser gemeinen Horde von Erwachsenen schwach zeigen.

Der Zug fuhr an.

»Deine Tante wird sich schon finden«, tröstete eine andere Stimme. Er gab nach. Warum hatte sich Tante Karla abdrängen lassen? Nun würde sie jammern und nach ihrem Primel verlangen. Er wischte sich mit der Hand das Blut von der Oberlippe und die Hand wiederum am Kleid der Frau ab, die ihn mit ihrem Rücken und Hintern bedrängte. Er setzte sich auf seinen Koffer und die Menschenwand über ihm schloss sich.

Immer schneller rumpelte der Zug über die Gleise. Bernd schloss die Augen, döste. Niemand hatte damit gerechnet, dass der Zug plötzlich bremsen und anhalten würde. Die Menschenladung wurde hin und her geworfen. Von draußen wurde gerufen: »Aussteigen. Bitte noch einmal alle aussteigen.« Prompt kam zur Antwort aus dem Zug: »Ihr könnt uns mal!« – »Wir lassen nicht alles mit uns anstellen.« – »Wir möchten weiterfahren, lasst uns weiterfahren.« Als geschossen wurde, verstummten alle.

»Die meinen es ernst«, stellte die Frau fest, die Bernd geschlagen hatte.

Er zog die Koffer neben sich her. Vielleicht suchen die Russen einen Nazi im Zug, dachte er. Aber sie suchten ihn! Genauer gesagt, der fabelhafte Herr Maier, der die Russen überredet hatte, dem Zug im Lastwagen nachzufahren und ihn anzuhalten.

Herr Maier schien noch etwas gewachsen zu sein. Sehr ernst kam er auf Bernd zu: »Deine Tante wartet auf dich.« Mehr sprach er nicht. Er wandte sich den russischen Soldaten zu, unterhielt sich mit ihnen, packte schließlich Bernds Koffer, trug sie zu dem offenen Laster, rief Bernd zu, er solle nicht träumen, zog ihn auf die Plattform, und das Auto fuhr auf der Straße die Strecke zurück, die der Zug bereits hinter sich gelegt hatte. Bernd sah, wie die Menschen wieder in die Waggons stiegen, wieder drängelten und nur vom Zuschauen bekam er noch Atemnot.

Tante Karla stand mutterseelenallein auf dem Bahnsteig. Im Fenster oben im ersten Stock lehnten Herr und Frau Huber. Sie waren das geeignete Publikum. Bernd machte sich auf Tante Klaras große Szene gefasst. Sie begann bereits, als sich der Laster näherte. Tante Karla reckte sich, winkte. Bernd fragte sich, woher sie das schneeweiße Taschentuch gezaubert hatte. Hinter dem Rücken von Herrn Maier ging er in Deckung. Nun schien Tante Karla zu singen. Ein hohes I. Es weitete sich, je näher sie kamen, zu Primel aus: »Primel, Primel!« Warum musste alle Welt erfahren, wie sie ihn nannte. »Primel!«

Herr Maier hob ihn vom Laster.

Tante Karla startete durch. Nicht ohne Schönheitsfehler. Sie stolperte über eine Tasche, fing sich jedoch. Wofür sie den ersten Beifall der Hubers bekam. Bernd wartete ab. Tante Karla sauste auf ihn los, die Haare wirr, nach Atem ringend und schloss ihn in die Arme. Von neuem drohte er zu ersticken. Dieses Mal war das Glück daran schuld.

»Was für ein Glück«, rief Tante Karla, »was für ein Glück, dass wir uns wiederhaben.«

Hubers Beifall spornte sie in ihrer Rede an. Bernd verschaffte sich behutsam Atemraum.

»Ich wag es gar nicht auszudenken, was mit dir hätte geschehen können. Unter all diesen Barbaren.«

»Übertreiben Sie nicht«, mahnte Herr Maier und wurde von den Hubers ebenfalls mit Beifall bedacht.

»Mir bleibt nichts anderes übrig, als zu übertreiben.« Blitzschnell gab Tante Karla Bernd frei und schloss dafür Herrn Maier in die Arme. »Ihnen haben wir unser Glück zu verdanken. Wie kann ich das gutmachen, wie kann ich das nur gutmachen?«

Herr Maier prustete und drückte Tante Karla freundlich von sich weg. »Sie sind mir nichts schuldig, gnädige Frau. Und auf den Buben werden wir beide ein Auge haben.«

»Und wann kommt der nächste Zug?«, fragte Bernd.

Anstelle von Herrn Maier antwortete aus dem Fenster, als wäre es ein hoch gelegener Schalter, Herr Huber: »Für die kommenden Tage ist mit keinem zu rechnen. Höchstens mit einem durchfahrenden Transport.«

Sie machten sich auf den Weg zu Frau Pluhar, zur Wohnung, die sie hoffentlich noch nicht weitervermietet hatte, wie Tante Karla befürchtete.

»An wen?«, fragte Herr Maier. Als sich Tante Karla vorm Haus überschwänglich von ihm verabschiedet hatte, hob er mit zwei Fingern Bernds Kinn, sah ihm in die Augen und sagte: »Bevor ihr endgültig verschwindet, könntest du mir ein bisschen helfen. Ich komme morgen oder übermorgen vorbei.«

Bernd war todmüde.

Frau Pluhar beschenkte sie mit einer kräftigen Kartoffelsuppe.

Ehe er einschlief, hörte er Tante Karla: »Nicht auszudenken, wenn mein Primel mit dem Zug verschwunden wäre.«

8

Gefährliche Reise

Bernd wurde von Hundi aus dem Schlaf gerissen. Der konnte sich gar nicht beruhigen. Aus dem Stand sprang er hoch, lief zwischen Bernd und Tante Karla hin und her, zeigte seine Kunststücke oder lernte sie im Moment. Freude ergriff sogar Tante Karla. »Wenn sich das Tier so freut, wird es schon seine Richtigkeit haben, dass wir hier geblieben sind.«

Bernd war ausnahmsweise ihrer Ansicht.

Am Abend überraschten sie Frau Trübner und die anderen Küchenkellerfrauen. »Ach was, Sie sind nicht weg?«

Tante Karla blickte triumphierend in die Runde: »Wir sind es leibhaftig. Und wir haben hier auch noch eine Menge gut bei Ihnen.«

Diese Bemerkung gefiel Frau Trübner weniger: »Wenn es alle so genau nähmen wie Sie …«

»Dann«, setzte Tante Karla fort, »würden Sie nicht mehr menschenfreundlich Essen an Heimatlose verteilen, sondern bloß noch Ihren Schatz hüten, meine Liebe.«

Sie erzählte den Frauen von Herrn Maiers Rettungsaktion. Deren Bewunderung hielt sich jedoch in Grenzen. Natürlich sei das freundlich von ihm gewesen, den Buben aus dem Zug zu holen, »aber glauben Sie mir, ohne Hintergedanken hat dieser feine Herr noch nie etwas getan. Vielleicht hat er mit dem Buben was im Sinn. Ich rate Ihnen aufzupassen.« Frau Trübner senkte warnend ihre Stimme.

Bernd hielt sie schlicht und einfach für aufgeblasen. Tante Karla wohl auch: »Es kann sein, er hat tatsächlich eine finstere Vergangenheit oder er spinnt – aber für uns ist er bisher ein Schutzengel gewesen.«

Frau Trübner blies die Backen auf und fauchte: »So habe ich mir einen Schutzengel schon immer vorgestellt.«

»Ich nicht«, sagte Bernd.

»Verzieh dich.« Frau Trübner ließ ihre schlechte Laune an ihm aus.

Die konnte jedoch den wunderbaren Kohleintopf, das Irishstew – so bezeichnete Frau Trübner das Gemisch aus Brühe, Kartoffeln, Weißkohl und verschwindend wenig Fleisch – nicht beeinflussen. »Drei Würfel Fleisch auf fünf Liter«, betonte sie.

Bernd aß, bis das Stew gegen die Magenwand drückte. Mit einem gemurmelten »Servus« verschwand er. Strategisch klug, denn Tante Karla hatte den Mund voll und konnte ihm keine Warnung nachrufen.

Hundi wartete vor dem Küchenkeller. Wahrscheinlich war er Frau Pluhar, nachdem er sein Futter bekommen hatte, entwischt.

»Komm!«, rief er Hundi zu. Er wusste selber noch nicht, wohin. Er hatte einen ganzen langen Nachmittag Zeit, und wenn es darauf ankam, konnte es auch in den Abend hineingehen. Er hoffte, Leni und Poldi zu treffen.

So geschah es. Sie saßen auf der Bank vorm Bahnhof, niemand wartete mehr auf einen Zug, nachdem Herr Huber verkündet hatte, dass sobald mit keinem mehr zu rechnen sei. »Siehst du, Poldi«, rief Leni, »ich hab dir gesagt, er wird kommen.«

»Meinst du mich?«

»Wen sonst«, sagte Poldi und fuhr sich mit dem Finger an der Nase lang.

Bernd setzte sich neben Leni, und wie von selbst wanderte sein Blick den Schienen nach bis zum Horizont, wo sie zu einem Strich zusammenliefen.

»Wir haben schon vom Huber gehört, dass der Maier dich aus dem Zug herausgeholt hat.«

»Bloß weil die Tante Karla zu blöd und zu langsam war.«

»Freust du dich nicht«, fragte Leni, »dass wir noch eine Weile zusammenbleiben dürfen?«

»Doch auch«, antwortete er und ärgerte sich über das »Auch«.

Leni bemerkte es sofort: »Also freust du dich nicht richtig.«

»Doch!« Er wollte Leni bestimmt nicht wehtun, er mochte sie. »Doch. Nur müssen wir ja irgendwann mal weiter. Wir sind ja hier nicht zu Hause.«

»Und wo seid ihr zu Hause?«, fragte Poldi.

»In Brünn. Aber dorthin können wir nicht mehr.«

»Dann könntet ihr auch hier bleiben!« Leni drückte ihren Arm gegen seinen. »Weil ihr ja sowieso erst ein Zuhause finden müsst.«

»Tante Karla möchte nach Wien.«

»Bist du schon einmal dort gewesen?«

»Ja. Nur kann ich mich nicht mehr daran erinnern.«

»Aber an Laa wirst du dich erinnern können«, sagte Poldi nachdenklich.

»Warum erinnern, ich bin ja hier.«

»Eben drum.« Leni lachte und drückte ihn noch fester mit ihrem Arm.

»Darum kann es dir doch egal sein, ob du in Wien oder in Laa bist.«

»Mir schon. Tante Karla nicht.«

»Jetzt sind wir erst einmal zusammen.« Leni sprang auf, drehte sich ein paar Mal um sich selber, dass ihr Kleid hochflog. »Und was machen wir jetzt?«

Poldi schob den Finger in die Nase. »Wenn ich's wüsste.«

Bernd wusste es: »Mit der Draisine fahren.«

Poldi hatte Bedenken. »Mit dem Huber könnten wir Ärger bekommen.«

»Und wenn wir ihn fragen?«

»Er erlaubt es uns doch nicht.«

»Ich frag ihn.«

Bernd ließ sich nicht einmal von der Angst, der Huber könnte ihn ausschimpfen, aufhalten. Die Tür zur Huberschen Wohnung war nicht verschlossen. Er stieg die schmale Treppe hoch, klopfte. Frau Huber öffnete sofort, als habe sie hinter der Tür gewartet. »Ach, du bist's«, sagte sie sichtlich enttäuscht. Sie hatte wohl nicht ihn erwartet, sondern Fräulein Janowitz, die vielleicht Neuigkeiten wusste.

»Ich möchte zu Herrn Huber«, sagte er und danach erst: »Grüß Gott.«

»Mein Mann ist nicht da. Wenn du etwas von ihm wissen willst, findest du ihn im Gemüsegarten hinter dem Güterschuppen am Abstellgleis.«

Bernd nickte, lief wie ein Wiesel die Treppe hinunter. Er wusste Bescheid. Poldi und Leni sowieso. Den Garten kannten und fürchteten sie. Herr Huber verteidigte die paar Beete und Sträucher mit Stacheldraht gegen gefräßiges Getier wie Rehe, Hasen und Igel und ebenso gegen Russen, Flüchtlinge, Kinder und andere »räuberische Wesen«. Der Stacheldraht war mannshoch und die Tür mit drei Schlössern gesichert. Dahinter gediehen Möhren, Rettiche, Kartoffeln, Tomaten,

Bohnen, Stachelbeeren und Johannisbeeren, die hier, das hatte Bernd inzwischen gelernt, Ribiseln genannt wurden.

Herr Huber betrachtete seine Bohnen.

Poldi flüsterte: »Er zählt, ob alle noch dran sind.«

Es bedurfte einiger Zeit, Herrn Huber aus seiner Bohnenandacht zu reißen. Sie räusperten sich, riefen »Grüß Gott, Herr Huber«, riskierten sogar ein paar leise Pfiffe.

Endlich schenkte er ihnen seine Aufmerksamkeit: »Was ist denn so dringend?« Er trat näher an den Stacheldrahtzaun. »Was wollt ihr denn?«

Leni wagte es: »Dürfen wir ein bissel mit der Draisine fahren?«

Mit diesem Wunsch, dieser Frage hatte Herr Huber wohl nicht gerechnet. Wahrscheinlich zählte er in Gedanken die Bohnen weiter. Er schaute abwesend über sie hinweg. Sie wagten kaum zu atmen. Eine falsche Bewegung könnte ihn verwirren.

»Das kann ich euch auf keinen Fall erlauben. Falls ein Zug angesagt ist …«

»Aber Sie haben doch selber gesagt, dass erst einmal keiner kommt«, warf Poldi mutig ein.

»Natürlich habe ich das erklärt.« Herr Huber hielt sich an das, was er gesagt hatte, sonst wäre er kein Bahnhofsvorsteher geworden.

»Also kann uns gar nichts zustoßen.«

»Im Grund nicht, aber was will das schon bedeuten.«

»Wie meinen Sie das, Herr Huber?«, fragte Bernd.

»So blöd werdet ihr nicht sein, um das nicht zu begreifen.«

»Nein, so blöd sind wir nicht«, versicherte Poldi und warf Bernd einen fragenden Blick zu.

Sie warteten schweigend.

Herr Huber gab nach: »Aber höchstens ein Stückel am Bahnhof vorbei, so dass ihr mir in Sichtweite bleibt.«

Mit einem dreistimmigen »Danke« rannten sie los. Zur Draisine! Sie wartete dort, wo sie sie verlassen hatten. Niemand hatte es inzwischen gewagt, mit ihr zu fahren. Sie gehörte ihnen, nur ihnen und höchstens etwas auch dem fabelhaften Herrn Maier.

Bernd löste die Bremse. Hundi blieb jaulend zwischen den Schienen sitzen.

Poldi und Leni stemmten sich mit aller Kraft gegen den Treibhebel. Inzwischen wussten sie, dass er am Anfang schwer ging – bis die Draisine in Fahrt gekommen war. Bernd kauerte sich vorn auf die Plattform – der Kapitän, der Ausschau hielt, der Lokomotivführer, der keinen Dampf brauchte.

Sie näherten sich schon dem Bahnhof. Ein paar Leute standen herum, schauten ihnen staunend entgegen. »Dürft ihr das denn?«, rief eine Frau.

»Ja!«, riefen alle drei zurück, und Poldi ergänzte fachmännisch: »Herr Huber hat uns die Fahrerlaubnis erteilt.« Womit er Bernd beeindruckte: »Du, das war gut. Jetzt sind die alle baff.«

Das Fahrzeug wurde immer schneller.

»Soll ich auch mal triebeln?«, fragte Bernd.

Poldi und Leni bestanden darauf, dass er aufpasse. Es könnte ja doch ein Zug entgegenkommen.

»Vielleicht eine Draisine.«

»Das wär was.«

»Noch eine Draisine!«

»Wohin fahren wir?«, fragte Leni.

»Bis nach Wien«, sagte Poldi.

»Nein, bis in die Berge, bis zum Dachstein«, wünschte sich Leni.

»Oder ans Meer«, sagte Bernd leise und sah es schon vor sich, ein unendliches Wasser, von riesigen Wellen bewegt und vielen Schiffen darauf mit bunten Segeln.

»Bist du überhaupt schon mal am Meer gewesen?«

»Noch nie. Aber jetzt fahren wir hin.«

Eine Weile hielten sie ihre Gesichter in den Fahrtwind und blieben still. Bis Leni nachdenklich fragte: »Wisst ihr, wo die Schienen enden?«

»Die haben überhaupt kein Ende«, sagte Poldi.

»Doch«, widersprach ihm Bernd. »Es gibt Abstellgleise wie das, auf dem die Draisine steht.«

»Aber die anderen Schienen gehen weiter.«

»Ja«, sagte Bernd, »die Leni hat Recht. Die gehen immer weiter bis zum Meer und dort warten die Schiffe.«

Allmählich wurden Poldi und Leni vom Triebeln müde. Trotzdem erlaubten sie Bernd nicht, ihnen zu helfen.

»Wir können auch langsamer fahren, wenigstens für eine Weile«, beschloss Poldi.

»Und vielleicht müssen wir auch zurückfahren, weil der Huber uns vom Bahnhof schon lange nicht mehr sehen kann.«

»Der zählt jetzt die Paradeiser in seinem Garten.«

»Was?«

Bernd verblüffte Poldi mit seiner Frage. »Weißt du nicht, was Paradeiser sind? Wo kommst du denn her? Bei den Piefkes heißen sie Tomaten.«

»Und wer sind die Piefkes?«

»Das sind die Deutschen.«

»Aber ihr seid doch auch Deutsche.«

Poldi und Leni schüttelten energisch den Kopf. »Nein, wir sind Österreicher.«

»Aber ihr habt doch auch für den Führer gekämpft.«

»Schon. Der Hitler ist auch unser Führer gewesen. Aber das hat sich geändert«, erklärte Poldi stolz. »Jetzt sind wir wieder Österreicher.«

»Ja«, sagte Leni, »und wir haben die Deutschen besiegt.«

Bernd warf den beiden über die Schulter einen ungläubigen Blick zu: »Ihr spinnt doch.«

»Frag meine Mama«, sagte Leni.

»Oder meinen Papa«, sagte Poldi.

»Ich frag lieber die Tante Karla.«

»Die ist doch ein Flüchtling. Die kann es nicht wissen.«

Bernd gab sich geschlagen. Er wollte sich nicht mit Poldi und Leni darüber streiten, ob Österreicher Deutsche sind oder ob sie es gewesen sind, und warum die Deutschen plötzlich Piefkes waren und die Österreicher wieder Österreicher. Es war alles völlig verdreht. »Ich möchte noch weiterfahren«, erklärte er, stand auf und übernahm Lenis Platz am Treibhebel.

»Und wenn wir nicht zurückfinden?«

Poldi ließ den Hebel los und warf die Arme in die Luft. »So blöd wie du möchte ich sein, Leni. Glaubst du, die Schienen haben sich hinter uns gebogen und führen woandershin?«

Da ratterten sie schon über eine Weiche auf ein anderes Gleis. Was Leni in Angst versetzte: »Hört lieber auf. Wir fahren besser zurück.«

Nun mochte auch Poldi nicht mehr nachgeben, Bernds Fernweh hatte ihn ergriffen: »Das ist doch dem Huber seine Weiche. Der wird schon aufpassen.«

Bernd sorgte dafür, dass die Draisine wieder schneller wurde. Die Wiesen um sie herum waren von der

Sonne verbrannt. Vor ihnen, noch ziemlich entfernt, standen geduckt eine Reihe von Baracken.

»Dort durften wir nie hin. Das ist das Lager.« Leni wollte umkehren.

Sie hatte kaum ausgesprochen, da knallte es schon, knallte mit einem Echo und neben der Draisine spritzte Schotter auf.

Bernd handelte, ohne nachdenken zu müssen. Er packte Leni, riss sie von dem Fahrzeug herunter und zog sie neben sich hinter den Bahndamm. Poldi folgte ihm blitzschnell. »Da hat einer geschossen«, sagte er und legte den Arm schützend um Leni. Poldi kroch nah an sie heran. »Das sind die Russen.« Er ist sicher: »Das können nur die Russen sein. Die sind in die Baracken eingezogen, hat die Mama erzählt.«

Wieder wurde geschossen, eine ganze Feuergarbe. Der Schotter spritzte hoch, knallte gegen die Plattform der Draisine.

»Der schießt mit einer Maschinenpistole.« Bernd wusste Bescheid. Bei ihrer ersten Flucht aus Brünn, von der sie dann wieder heimkehrten, weil Tante Karla nicht wusste, ob sie durchkommen würden, bei dieser ersten Flucht war der Zug von Tieffliegern angegriffen worden und sie waren unter die Wagen gekrochen. Da flogen die Schottersteine ebenso herum, und wenn die Geschosse die Schienen trafen, gab es einen bösen, schleifenden Ton.

Es war still, totenstill. Sie hörten sich atmen.

Bernd schlupfte noch enger an Leni heran und sie an ihn. Er atmete mit ihr und drückte sein Gesicht an ihren Arm. Er fand, sie roch wie ein Maikäfer, ein bisschen herb.

»Die dürfen doch nicht auf Kinder schießen«, murmelte Poldi.

»Kinder dürfen auch nicht alleine mit einer Draisine fahren«, flüsterte Leni.

»Seht ihr was?«, fragte Poldi.

Bernd ließ Leni los, schob sich am Bahndamm hoch. Nichts rührte sich mehr bei den Baracken.

»Ich seh keine Russen«, sagte er, blieb auf halber Höhe und versuchte so, die Draisine anzuschieben. Es ging leichter, als er erwartet hatte. »Ich glaub«, sagte er, »wir schieben die Draisine zurück bis zur Weiche, dann springen wir hinauf, und es kann nichts mehr passieren.«

Sie hatten die Strecke unterschätzt. Sie wurde länger und länger, die Draisine schwerer und schwerer. Sie stemmten sich gegen den Schotter, knieten auf den spitzen Steinen, rieben sich die Knie wund, stöhnten und fluchten. Noch immer fürchteten sie, dass auf sie geschossen werden könnte.

»Die blöden Russen«, schimpfte Poldi, und Leni klagte in einem fort: »O mei, o mei.«

Kurz vor der Weiche sprangen sie auf die Plattform,

blieben in der Hocke, um den Russen kein Ziel zu bieten, und trieben so die Draisine auf das alte Gleis, heimwärts, Richtung Bahnhof, zum Huber, der sicher schimpfen würde. Aber er begrüßte sie freundlich und amtlich, als seien sie ein fahrplanmäßiger Zug. »Ich hoffe, es ist alles gut verlaufen.«

Bernd nickte.

Als Leni zum Sprechen ansetzte, wollte Poldi sie noch hindern, sie begriff nicht. »Auf uns ist geschossen worden.«

Hubers Amtsgesicht wurde erst weiß vor Schreck, dann rot vor Zorn. »Also euch haben die Schüsse gegolten. Ich hätte es mir denken können, dass ihr Schlawiner nicht auf mich hört und über die Weiche hinausfahrt, ins Russengebiet hinein.«

»Aber von der Weiche haben Sie uns nichts gesagt.«

Herr Huber zuckte mit dem rechten Arm, und Bernd erwartete, dass es eine Watschen setzen würde. Herr Huber beherrschte sich aber im letzten Moment: »Davon habe ich tatsächlich nicht geredet, weil ich nie annahm, dass ihr so weit kommt. Es ist ja ein Glück, dass nichts Schlimmeres passierte.« Herr Huber schien in sich hineinzuhorchen und setzte fort: »Sicher werde ich von der russischen Kommandantur einen Anschiss bekommen. Wegen euch.« Wieder machte er eine Pause, doch dieses Mal sah er sie, einen nach dem andern, betrübt an: »Jetzt fährt die Draisine auf das Abstellgleis. Damit hat es ein Ende mit diesem Spiel.«

Langsam trieben sie das wunderbare Fahrzeug an seinen Ort. Die Russen hatten ihnen alles verdorben. Bernd tastete nach Lenis Hand. Sie stand neben ihm. Sie zögerten, die Draisine zu verlassen, abzuspringen. Sie wollten ihren Traum nicht so ohne weiteres aufgeben.

Leni drückte seine Hand: »Du, die Russen hätten uns totschießen können.«

Für Bernd, der nur noch Lenis Hand spürte, ihre Wärme, antwortete Poldi: »Ich hab nicht ein bissel Angst gehabt. Die Russen, die sind doch zu blöd, um zu treffen.«

»Aber ich hab schon Angst gehabt«, gestand Bernd und ließ Leni los.

»Ich auch«, sagte sie.

9

Geld im Schuh

Am nächsten Mittag empfing sie Frau Trübner im Küchenkeller mit der Mitteilung, dass sie ihren Liebesdienst, die Flüchtlinge zu verköstigen, beendigen müsse. Sie komme nicht mehr auf ihre Kosten. Außerdem seien mit dem Zug viele ihrer »Gäste« abgereist. Morgen werde sie zum letzten Mal Essen ausgeben.

Tante Karla konnte sich, kaum hatten sie den Küchenkeller verlassen, gar nicht beruhigen: »Diese scheinheilige Ziege. Sie kommt nicht auf ihre Kosten! Eine goldene Nase hat sie sich mit dem Schmuck und all den anderen Wertsachen verdient, die sie den Flüchtlingen abpresste.«

Bernd widersprach ihr: »Ohne die Frau Trübner und die anderen Frauen im Keller wären wir doch verhungert.«

Er konnte sie nicht ganz umstimmen. »Verhungert wahrscheinlich nicht. Aber du hast schon Recht, Primel. Die verehrungswürdige Frau Trübner hat uns über die Runden geholfen. Das wollen wir zu ihrem Ruhm festhalten. Und wie wir wissen, hat die Barmherzigkeit meistens zwei Seiten: Güte und Geld.«

Tante Karla beschloss, wieder selbst zu kochen. Frau Pluhar werde wohl nichts dagegen haben, wenn sie ihre Küche mitbenutze. Dann hielt sie, während sie auf das Pluharsche Haus zugingen, eine Rede über das Warten, die er nur in Bruchstücken mitbekam, weil er an Leni und an die Draisine dachte.

»Warten! Warten! Warten! Ich steh mir die Füße in den Bauch vor lauter Warten. Nur weil es dem Hitler eingefallen ist, einen Krieg zu führen gegen die halbe Welt. Und Menschen umzubringen, dafür zu sorgen, dass anderen die Heimat genommen wird. Dass sie vertrieben werden wie unsereiner. Und auf Züge warten, die nicht ankommen. Wir warten, dass irgendjemand Brot verkauft oder uns eines schenkt. Wir warten vor dem nächsten Geschäft, weil dort eine Schlange von Menschen wartet, und wir hoffen, irgendwas zu bekommen, Schnürsenkel, Wäscheklammern oder Brotaufstrich. Wir warten und dürfen nicht tun, was wir gelernt haben. Wir sind von Beruf Flüchtlinge, nirgendwo gern geduldet. Die Einheimischen halten uns für Schwindler, für Obdachlose, für Halunken. Dir, Primel, kann ich nur wünschen, dass du nicht noch einmal in deinem Leben so sinnlos warten musst wie jetzt.«

Er verabschiedete sich, plötzlich und schnell, so dass Tante Karla gar nicht dazu kam, ihn festzuhalten.

»Mach keinen Unsinn, Primel!«, rief sie ihm hinterher.

»Mach ich nie«, rief er zurück und wusste, dass er sie mit seiner Antwort ärgerte.

Er hatte kein Ziel, gab seinen Wünschen nach. Zuerst besuchte er die Draisine, sprang auf die Plattform, setzte sich auf die Bank, fasste nach dem Hebel, als ob er gleich lossausen wolle. Weit fort! Er schloss die Augen, spürte den Fahrtwind. Nach einer Weile fand er es unsinnig, auf der Draisine zu träumen, mit der er ja doch nicht fahren durfte. Er sprang ab, rannte in das Wäldchen hinter dem Abstellgleis. Das kannte er noch nicht.

Der Boden unter den Bäumen war weich und moosig, tat den bloßen Füßen wohl. Bernd blieb immer wieder stehen und grub sich mit den Zehen in kleine Mooshügel.

Die Bäume wuchsen zusammen zu einem großen Schirm. Es war kühler als »draußen«. An einer Weggabelung entdeckte er die Reste einer Hütte. Vielleicht hatten sich Soldaten hier versteckt, dachte Bernd, diese Wlassow-Soldaten, die von den anderen Russen verfolgt wurden. Er setzte sich zwischen die löchrigen Wände, suchte nach Gegenständen, die ihm verrieten, wer hier Unterschlupf gesucht hatte. Er fand nichts. Ganz geheuer war ihm der Ort nicht. Überall war Krieg gewesen, hatten Soldaten Spuren hinterlassen, sichtbare oder unsichtbare. Der Krieg war noch immer da, wie ein Gespenst.

Er lief weiter in den Wald hinein, obwohl er wusste, dass er sich der tschechischen Grenze näherte. Wie Inseln breiteten sich die Walderdbeeren aus. Niemand hatte Zeit, sie zu pflücken. Oder die Gegend war dafür zu gefährlich. Er sammelte eine Hand voll und aß Beere für Beere. Ihr Aroma füllte seinen Mund.

Auf einer Lichtung stand ein ausgebrannter Lastwagen. Ein schwarzes Gerippe aus Holz und Eisen. Als er sich Schritt für Schritt näherte, sprang eine verwilderte Katze aus dem Fahrerhaus, lief aber nicht davon, sondern stellte sich, machte einen Buckel und fauchte. Er zog sich wieder zurück und lief auf dem überwachsenen Waldweg weiter. Er wollte seiner Angst nicht nachgeben, nicht einfach umkehren und in die Stadt zurücklaufen, um dann mit Hundi zum Fluss zu gehen oder nach Poldi und Leni zu suchen. Tante Karla hatte er einmal seine Angst gestanden, nach dem Angriff der Flieger. Sie lagen noch unter dem Waggon. Da hatte sie ihn in die Arme genommen und von ihrer eigenen Angst gesprochen: »Du kannst mir glauben, ich habe mehr Schiss gehabt als du.« Sie nannte die Angst »Schiss«. Weil man vor Angst in die Hose machen könne. Also Schiss.

Von ferne hörte er Stimmen. Er konnte nicht ausmachen, ob deutsch oder tschechisch oder russisch gesprochen wurde. Sie kamen auch noch aus sicherer Entfernung.

Wieder mündete der Weg in eine Lichtung, eine große, baumlose Wiese. Bernd hielt an, schaute sich um. Der Mann, der noch ziemlich weit entfernt mit dem Rücken zu ihm auf einem Baumstamm saß, fiel ihm nicht gleich auf. Er gehörte zur Szene, ins Bild. Als er ihn schließlich wahrnahm, erkannte er ihn sofort: Es war Herr Maier. Wie stets im schwarzen Anzug. Er schien schon eine Ewigkeit da zu sitzen, auf diesem weiten, freien Platz, mitten im Wald.

Bernd schlich sich wie ein Indianer an. Er passte auf jedes Hölzchen auf, das knirschen oder krachen könnte, lief gebückt und atmete so wenig wie möglich. Herr Maier saß nach vorn gebeugt. Die Jacke spannte über seinem Rücken. Er schien etwas am Boden zu beobachten. Bernd dachte: Noch drei Schritte und ich kann ihm einen Schubs geben. Dazu kam er nicht. Herr Maier drehte sich blitzschnell um: »Na, Häuptling Leiserschuh? Du hast wohl gedacht, der alte Trapper ist schon schwerhörig. Denkste!«

Der Baumstumpf war groß genug, so dass Herr Maier ihm Platz machen konnte. »Setz dich, mach dir's bequem, ruh dich von deinem Waldgang aus.«

Herr Maier hatte die schwarzen Lackschuhe ausgezogen. Sie standen ordentlich vor seinen Füßen, als könnten sie von allein losmarschieren. »Du solltest dich nicht hier herumtreiben, Häuptling. Die Gegend ist gefährlich. Rothäute besonderer Art, betäubt von Feuerwasser, treiben sich hier oft herum.«

»Die gibt's doch hier überhaupt nicht.«

»Ich meine schlicht und einfach besoffene Soldaten, die hier manchmal auftauchen und schnell mal ein paar Salven in die Runde schießen.«

Bernd schaute in das breite Gesicht, das durch die schwarzen Bartschatten noch düsterer wirkte. »Aber doch nicht auf Kinder.«

»Natürlich nicht. Es sind ja keine Unmenschen. Aber der Alkohol kann sie in Teufel verwandeln. Nicht nur die Russen, uns ebenso.«

»Waren Sie auch Soldat?«

»Ja.« Er sagte kein Wort mehr. Hinter diesem Ja versteckte er alles, worüber die Leute in Laa redeten. Ob es nun stimmte oder nicht. Bernd fragte nicht weiter.

Sie saßen eine Weile schweigend nebeneinander. Herr Maier legte den Finger an die Lippen. Am Rand der Lichtung zog ein Rudel Rehe entlang. Nachdem sie verschwunden waren, zündete er sich eine Zigarette an, kniff die Augen zusammen und zog aus der Innentasche seiner Jacke ein dickes Bündel Papiergeld, lauter tschechische Kronen. Er begann das Geld zu zählen, teilte das Bündel und steckte je eine Hälfte in die Schuhe. Sorgfältig schob er die Scheine auf der Sohle auseinander und drückte sie fest. Dann zog er die Schuhe an. Er grinste Bernd von der Seite an: »Ruckediguh, hab Geld im Schuh, ruckediguh.«

Wieder wurde ihm der fabelhafte Herr Maier unheimlich, wie am ersten Tag in Laa, als er durch die Wand kam, plötzlich da war.

»Du sagst nichts, du fragst nichts.« Herr Maier stand auf, stand auf Geld und schaute auf Bernd herunter.

Bernd wollte lieber nichts fragen. Die gefüllten Schuhe gehörten bestimmt in eine verbotene Geschichte. Von der wollte er nichts wissen. Er schüttelte den Kopf.

Herr Maier legte seine Hand auf Bernds Schulter. Sie wurde ihm von Satz zu Satz schwerer: »Pass auf, du bekommst eine Antwort auf eine nicht gestellte Frage. Der Krieg ist zu Ende, immerhin schon zwei Monate. Das eine Geld verliert seinen Wert, das andere wird wertvoller, wenigstens für eine Weile. Die Krone und das andere wird bald einen Wert haben wie der österreichische Schilling. Mit solchem Geld lässt sich Geld verdienen. Verstehst du, Häuptling Blindekuh? Schwierig und gefährlich ist nur der Gang über die Grenze. Dort hole ich mir unsere Reichsmark, die für die Tschechen nicht mehr gilt, und bringe ihnen Kronen, die für die Flüchtlinge nichts mehr bedeuten. Den Gewinn bestimme ich selber. Du hast mich in dem Moment erwischt, in dem ich mir die Schuhe für den Grenzgang füllte. Halt mir die Daumen, Junge, verlasse schleunigst diesen Wald und begib dich in den Schutz deiner wehrhaften Tante Karla.«

Herr Maier zog die Hand von Bernds Schulter, drehte sich um, begann über die Lichtung zu gehen, in schwarzen Schuhen voller Geld.

»Sie könnten aber an der Grenze gefangen genommen werden«, sagte Bernd.

Herr Maier schaute sich um: »Übertreib nicht, Junge. Nicht gefangen genommen. Höchstens festgenommen. Um gleich wieder frei zu kommen. Da hilft auch das Geld. Mach dir keine Sorgen um mich. Das verdiene ich nicht, Häuptling Hasenfuß.«

Bernd rannte, ohne zu verschnaufen, bis er zu Hause war. Unterwegs kam ihm Hundi entgegen und schloss sich ihm an.

Er bereitete sich auf Tante Karlas Empfang vor. Sie saß mitten in dem kleinen Zimmer und hatte wohl schon eine Weile erwartungsvoll auf die Tür gestarrt. Sie ließ ihn nicht zu Wort kommen: »Keine Entschuldigung, Primel! Ich möchte mir deine Lügen nicht anhören. Der Hund war nicht mehr zu beruhigen und ich ließ ihn hinaus. Wahrscheinlich hat er sich noch mehr Sorgen um dich gemacht als ich. Ich will gar nicht wissen, wo du dich herumgetrieben hast«, sagte sie wütend und widerrief sich im gleichen Augenblick: »Wo bist du gewesen, Primel? Wo, ich bitte dich?«

Er antwortete, wie aus der Pistole geschossen, und

staunte über sich: »Am Ende der Welt.« Womit er Tante Karla völlig aus der Fassung brachte. Sie brauchte lang, bis sie die Sprache wieder fand. Und dann schaffte sie nur ein einziges Wörtchen: »Wo?«, und fügte leise hinzu: »Wie kommst du darauf?«

»Das sagst du doch auch manchmal.«

»Ich?«

»Ja, als wir hier ankamen, hast du gesagt: ›Ich glaube, wir befinden uns hier am Ende der Welt‹.«

Tante Karla klemmte ihr Kinn zwischen zwei Finger, was sie tat, wenn sie verlegen war oder nachdachte: »Ich will nicht wissen, was du getrieben oder angestellt hast. Nur bitte ich dich, pass auf dich auf. Dass euch die Russen auf der Draisine beschossen haben, hat mich schon genug aufgeregt. Die Leute in der Stadt können sich überhaupt nicht beruhigen. Frau Huber hat sich bei mir für den Leichtsinn ihres Mannes entschuldigt.«

»Gerade die.«

Damit fand das Gespräch ein Ende. Hundi unter dem Bett schnarchte laut und regelmäßig.

Bernd wusch sich in der Waschschüssel das Gesicht, putzte sich die Zähne und schlüpfte ins Bett.

Tante Karla fischte die Spielkarten aus dem Lederetui und legte eine Patience. »Am Ende der Welt«, hörte Bernd sie murmeln.

10

Ein gefährlicher Auftrag

Er klopfte nicht. Er räusperte sich nicht. Auf einmal stand er im Zimmer – der fabelhafte Herr Maier. Er sagte: »Habe die Ehre«, was so viel wie »Guten Tag« bedeuten sollte.

Tante Karla antwortete mit einem »Jesus Maria« und Frau Pluhar verschwand wie ein geölter Blitz. Nur Hundi und Bernd freuten sich. Der eine wackelte mit dem Stummelschwanz, der andere staunte: »Ui.«

Am nächsten Tag verteidigte Frau Pluhar ihre Unhöflichkeit. Der Maier, sie könne darauf schwören, sei ein Abgesandter des Teufels. Sie müssten doch auch den Schwefel gerochen haben, den er ausdünste.

Bernd wusste es besser: »Der dünstet überhaupt nicht. Der riecht nach einem Parfüm, das Juchten heißt. Das hat er mir gesagt. Die Russen mögen das besonders gern.«

Genau das wollte Frau Pluhar hören: »Ich sag's ja. Von den Russen kann nichts Gutes kommen. Wahrscheinlich heißt Schwefel auf Russisch Juchten.«

Der fabelhafte Herr Maier hatte sie also überrascht,

duftete nach Juchten und nicht nach Schwefel und kam gleich zur Sache. Er wandte sich mit einer leichten Verbeugung an Tante Karla: »Ich möchte nicht stören, gnädige Frau. Es handelt sich nur um eine Kleinigkeit. Erlauben Sie bitte Ihrem Neffen, mich auf einem Ausflug zu begleiten.«

»Primel?«, murmelte Tante Karla. Bernd war nicht sicher, ob ablehnend oder zustimmend.

»Wer ist Primel?« Herr Maier sah sich im Zimmer um.

»Er.« Tante Karla wies mit dem Kinn auf Bernd, der neben ihr Schutz suchte. Maiers Wunsch war ihm nicht geheuer.

»Primel – das passt!«, fand Herr Maier.

»Und wohin soll der Ausflug gehen?«

»Ins Blaue«, erklärte Herr Maier, »und zwar mit der Draisine.«

»Soll ich Ihnen das glauben?«

Herr Maier sah in seinem schwarzen, fleckenlosen Anzug, in weißem Hemd und mit Krawatte so aus, als ob man ihm alles glauben müsste.

Tante Karla schaute Bernd mit einem Blick an, der ihn warnte: Bleib hier!

»Wirklich mit der Draisine?«

»Ja.«

»Und Herr Huber hat nichts dagegen?«

Herr Maier lächelte viel sagend. »Herr Huber wird

mir doch keinen Wunsch ausschlagen.« Dann wartete er einen Augenblick und stellte fest, ohne dass Tante Karla noch einmal Pieps sagen konnte: »Primel darf also mit.«

»Und Hundi«, warf Bernd rasch ein.

Womit Herr Maier nicht sonderlich einverstanden schien, denn er musterte das Tier so, als wolle er gleich nach ihm treten. »Meinetwegen«, sagte er nach einer Pause, »wenn du ohne den Köter nicht auskommst.«

Hundi verstand und drängte sich zwischen Bernds Beine.

Herr Maier schob Bernd vor sich her aus dem Zimmer, blieb noch einmal in der Tür stehen und sagte, ohne sich nach Tante Karla umzusehen: »Möglicherweise wird es etwas später. Dann machen Sie sich keine Sorgen.«

Bernd hörte noch, wie Tante Karla hinter der Tür Herrn Maier empört wiederholte: »Keine Sorgen!«

Als sie die Treppe hinuntergingen, Bernd hinter Herrn Maier, kam ihm der Mann im schwarzen Anzug noch größer und mächtiger vor als sonst.

Unten auf der Straße blies der fabelhafte Herr Maier pfeifend die Luft aus und legte die Hand auf Bernds Kopf: »So, nun kann's losgehen.«

Bernd blickte zu ihm hoch. Herr Maier duftete nach dem Parfüm, das er Juchten genannt hatte. »Dürfen wir wirklich mit der Draisine fahren?«

Herr Maier nickte. Seine schmalen Augen weiteten sich: »Jawohl, mein lieber Primel.«

Es gefiel Bernd nicht, wenn Herr Maier ihn Primel nannte. Das war Tante Karla vorbehalten. Aber er bat ihn nicht, es bleiben zu lassen.

Sie gingen nicht den üblichen Weg zur Draisine. Herr Maier lief Umwege durch Straßen, die Bernd nicht kannte. Sie kamen an einer Schule vorüber, in die wahrscheinlich Leni und Poldi gingen. Ein paar Kinder spielten auf dem Hof. Vielleicht wäre es besser gewesen, Tante Karla hätte mich angemeldet, ging es Bernd durch den Kopf. Dann hätte mich Herr Maier jetzt nicht holen können. Er spürte ein bisschen Angst. Weshalb, konnte er sich nicht erklären. Wortlos trottete er neben dem großen Mann her, der ebenfalls kein Wort mehr sprach.

Über Nacht hatte es aus allen Kübeln gegossen. Sie mussten Pfützen ausweichen. Die Straße dampfte unter der Sonne.

Hundi hielt sich noch immer dicht neben ihm.

Manche Leute, die ihnen entgegenkamen, grüßten Herrn Maier, andere starrten ihn an, als erschrecke sie schon allein sein Anblick.

Plötzlich hielt ein Jeep mit schleifenden Rädern neben ihnen an. Hundi machte einen Sprung zur Seite und winselte. Es war eine russische Streife. Der Offizier, der neben dem Fahrer saß, rief »Towarischtsch

Maiärr«, und Herr Maier ging betont langsam auf den Wagen zu. Bernd hielt sich mit Hundi in sicherem Abstand. Der Offizier redete Russisch auf Herrn Maier ein. Er schimpfte aber nicht, er bat ihn eher um etwas.

Herr Maier hörte zu, hob ein paar Mal die Schultern, so als wisse er nicht, wie er dem Offizier helfen könne. Der Offizier nickte, danach tippte er Herrn Maier mit ausgestrecktem Zeigefinger an die Brust. Darauf nickte Herr Maier ebenfalls, trat einen Schritt zurück, der Offizier rief dem Fahrer einen Befehl zu und der Jeep fuhr los. Herr Maier rieb sich mit der Hand die Stirn und sah dem Auto nach. Dann wandte er sich Bernd zu, lächelte: »Die sind verrückt. Die glauben, weil sie gesiegt haben, könnten sie alles, was sie sich wünschen, kriegen.«

Er legte Bernd behutsam die Hand in den Nacken und schob ihn neben sich her. Wieder schwiegen sie eine Weile. Bernds Neugier war jedoch stärker: »Was wollte der Russe denn haben?«

Herr Maier zog eine Packung Zigaretten aus der Tasche, hielt sie Bernd vor die Nase. »Genau das. Amerikanische. Aber ich konnte ihn nicht bedienen, da ich im Augenblick selber sparen muss.« Er zündete sich eine Zigarette an und blies den Rauch über Bernds Kopf. Bernd hatte ihn erst einmal rauchen gesehen. Vielleicht tat er es nun, um über die Russen zu triumphieren.

Herr Maier hatte es plötzlich eilig. Bernd hielt nur mit Mühe Schritt. Hundi hingegen behagte das Tempo.

Die Draisine wartete an ihrem Platz. Bernd hatte nach dem Verbot von Herrn Huber schon mit ihr abgeschlossen. Jetzt, weil Herr Maier seine Beziehungen ausgespielt hatte, durfte er wenigstens noch einmal fahren, sausen, fliegen.

»Ich bediene den Hebel.«

Bei Herrn Maier durfte er nur Fahrgast sein. Das war ihm gerade recht. Er setzte sich mit dem Rücken zu ihm, schaute in die Fahrtrichtung, Hundi neben sich auf der Bank, der vor Erwartung zitterte. Das Fahrzeug setzte sich in Bewegung und gewann rasch an Geschwindigkeit. Herr Maier hatte viel mehr Kraft. Die Draisine war bei Bernd nicht so schnell gewesen.

Vor dem Bahnhof stand Herr Huber. Mit ihm seine Frau und das elegante Fräulein Janowitz. Je näher sie kamen, umso heftiger winkten sie. Fräulein Janowitz sogar mit einem Seidenschal. Sie grüßten und nahmen zugleich schon wieder Abschied. Denn Herr Maier dachte nicht daran zu bremsen.

»Jenö!«, rief Fräulein Janowitz.

»Passen Sie auf sich auf!«, flehte Frau Huber.

Und Herr Huber rief: »Ich bitte Sie!«

Bernd redete gegen den Fahrtwind und drehte sich nicht zu Herrn Maier um: »Ist das Ihr Vorname? Jenö?«

»Einer davon.« Herr Maier musste sich nicht sonderlich anstrengen. Der Wind schien sich vor seinem Mund zu teilen.

Bernd ärgerte sich. »Und wie viele Vornamen haben Sie?«

»Frag mich nicht, Primel. Du hast ja auch zwei, Bernd und Primel.«

»Nein, vier!« Endlich konnte er es dem Maier mal zeigen. »Eigentlich heiße ich Bernhard Rudolf. Aber das wissen nur wenige Leute. Bernd nennen mich alle. Und Tante Karla nennt mich Primel.« Hundi setzte Bernds Satz einen Schlusspunkt, indem er so heftig nieste, dass er von der Bank fiel, aber gleich wieder hinaufsprang und von neuem neben Bernd Platz nahm.

»Da siehst du's. Auch du hast nicht nur einen Namen.«

»Und wie viele haben Sie?«

»Wenn ich das nur wüsste. Ich würde sie dir alle aufzählen. Lass mich in Frieden.«

»Und warum hat der Huber gerufen: ›Ich bitte Sie‹? Um was bittet er Sie?«

Herr Maier antwortete nicht gleich. Die Draisine sauste, bohrte sich rasend in die Landschaft hinein, zwischen Feldern und Äckern und zum ersten Mal auch in ein Wäldchen. So weit war er vorher nie gekommen.

»Der Huber«, rief nun Herr Maier, »der Huber war

ein Beamter der Deutschen Reichsbahn und hat sich inzwischen wieder in einen österreichischen Eisenbahner verwandelt. Was aber nichts daran ändert, dass er ein Feigling ist. Feiglinge glauben immer, wenn sie ›Ich bitte Sie‹ flehen, dass sie dann für nichts mehr verantwortlich sind. Also hat der werte Herr Huber seine Verantwortung für unsere Reise abgegeben. An wen, ist ihm egal. Ob an mich, an dich oder an den sowjetischen Ortskommandanten.«

Bernd fand Herrn Maiers Überlegungen blöd. Hundi auch. Er knurrte gegen den Wind.

Herr Maier strengte sich mächtig an, die Draisine voranzutreiben. Sie waren beinahe so schnell wie ein langsamer Zug. Bernd hielt das Gesicht gegen den Wind. So könnte er noch lange reisen, ohne daran zu denken, dass er sich mit Herrn Maier auf der Draisine befand, immer weiter, immer weiter.

Manchmal führten die Schienen durch eine Senke und die Landschaft verschwand. Dann stiegen sie allmählich wieder hoch, und vor ihnen lag ein Wäldchen oder, wie jetzt, ein Gehöft, umgeben von Weiden und Äckern.

Nichts war ihm mehr vertraut. Alles neu und fremd.

Nach dem Gehöft führten die Schienen in einer weiten Kurve in einen Wald mit dichtem, dunklem Unterholz. Überall Gestrüpp, Sträucher. Mücken fielen in Schwärmen über sie her. Bernd schlug um sich und

Hundi drehte sich jaulend wie ein Kreisel auf der Bank.

»Gleich sind wir durch«, rief Herr Maier. Er behielt Recht. Vor ihnen dehnte sich eine verdorrte, staubige Ebene aus, die, so erschien es Bernd, einen Rand hatte und abbrach.

»Dort hinten liegt ein Steinbruch«, erklärte Herr Maier und ließ die Draisine ausrollen.

Bernd drehte den Kopf zu ihm: »Müssen wir zurück?«

Herr Maier wischte sich mit dem Taschentuch den Schweiß von der Stirn und aus dem Gesicht, atmete ein paar Mal heftig durch und schüttelte den Kopf: »Den Steinbruch da drüben kannst du noch nicht sehen. Aber er ist zu ahnen. Hier hört die Welt auf.«

Hundi sprang von der Plattform, folgte kurz einer Spur und kehrte erwartungsvoll zurück.

»Was wollen wir hier?« Bernd schaute um sich. Nichts als trockenes Gras und staubige Erde, so weit der Blick reichte.

Seufzend zeigte Herr Maier, der sich auf die andere Bank gesetzt hatte, neben sich: »Setz dich zu mir. Du musst mir helfen, Primel. Ich weiß, du kannst es. Du bist ein gescheiter, mutiger Junge. Dir kann ich vertrauen. Also …« Herr Maier starrte zu dem schartigen Rand hinüber, dort, wo es wohl hinunter in den Steinbruch ging. »Also – du hast ja mal zugesehen, wie ich mit dem Geld in den Schuhen zur Grenze aufbrach.« Mit dem Ellbogen gab er Bernd einen kleinen Schubs und lachte kurz auf. »Das war kein übles Geschäft. Es war's. Ich muss aufhören. Zu viele, die sich ebenfalls in dieser Branche herumtreiben, sind mir auf der Spur und sie sind nicht besonders höflich, Primel. Das sind sie wirklich nicht.«

Bernd sah Herrn Maier prüfend von der Seite an. Er meinte es offenbar ernst.

»Ich will aufhören. Ich muss aufhören. Ich muss weg aus Österreich. Dazu brauche ich auch wieder Helfer. Ich kann mir nicht alle zu Feinden machen.«

Bernd verstand eine Menge. Aber längst nicht alles. Was Herr Maier sagte, flößte ihm sowieso Furcht ein. »Warum haben Sie so viele Feinde?«

»Es gibt alte, es gibt neue«, antwortete Herr Maier.

Bernd war nicht klüger als zuvor.

Herr Maier griff in die Innentasche seiner schwarzen Jacke, an der selbst nach der Fahrt kein Stäubchen zu sehen war, und zog einen Brief heraus. »Mit diesem Brief sage ich meinen Geschäftspartnern hinter der Grenze, dass ich Schluss mache. Dass sie nicht mehr mit mir rechnen können.«

Bernd musterte den Umschlag, fragte sich, wo es hier einen Briefkasten gab.

»Die warten auf mich«, sagte Herr Maier und senkte nachdenklich und verlegen den Kopf. Ohne aufzuschauen, fuhr er fort: »Das Wetter wird umschlagen. Wir müssen uns beeilen.«

Bernd schaute auf den gerade gezogenen Scheitel, der das glänzende Haar auf dem Kopf von Herrn Maier teilte.

Herr Maier gab sich einen Ruck. Hundi fuhr zusammen und hüpfte von der Draisine. Bernd war klar, dass er nun zur Sache kommen würde.

Herr Maier drückte ihm den Brief in die Hand und befahl: »Du gehst jetzt los. Mit dem Brief. Unten im Steinbruch steht ein Häuschen. Dort wirst du erwartet. Übergib dem Mann das Schreiben. Auf eine Antwort brauchst du nicht zu warten. Komm einfach wieder zurück.«

Bernd hörte zu und sein Atem wurde kürzer. Er hatte das Gefühl, sich nicht mehr bewegen zu können. Das konnte der doch nicht von ihm verlangen! Wäre Tante Karla hier, würde sie ihm den Marsch blasen.

»Das dürfen Sie nicht«, stotterte er.

»Was?«

»Mich da runterschicken.«

»Es wird dir nichts passieren. Ich schwöre es dir.«

Bernd sah Herrn Maier in die Augen und begriff, dass es keinen Ausweg gab. Abzuhauen hatte keinen Sinn. Der Weg zur Stadt war zu weit.

»Aber der Mann da unten kennt mich doch nicht.«

»Das ist egal. Er wird dir nichts tun.«

»Woher wissen Sie das?«

»Ich weiß es«, antwortete Herr Maier entschieden und schubste ihn von der Draisine. »Lauf«, rief er, »bring die Sache hinter dich, Primel.«

Wie aufgezogen begann er über das struppige Gras zu rennen, Hundi hinter ihm her. Er folgte einem Trampelpfad. Die Wut wich der Verzweiflung. Er hätte heulen können. Im Laufen redete er vor sich hin: »Der gemeine Kerl. Der glaubt, er kann alles mit mir machen. Selber traut er sich nicht. Wahrscheinlich, weil er die Leute beschissen hat mit seinem Geld im Schuh. Oder mit anderen Sachen. Ich will den nie mehr sehen! Nie mehr!«

Hundi war damit beschäftigt, einer Fährte zu folgen. Sie führte geradeaus zum Steinbruch. Sie endete auch nicht, wo er steil abfiel. Sie mündete in einen waghalsigen Schlängelweg.

Bernd blieb am Rand stehen. Er atmete heftig. Der Schweiß stand ihm auf der Stirn, rann ihm in die Augen und brannte. Er wischte ihn mit dem Handrücken ab. Er hätte sich doch noch heftiger gegen diesen Auftrag wehren sollen.

»Komm, Hundi!« Vorsichtig versuchte er die ersten Schritte auf dem abschüssigen Pfad. Er lief langsam, unsicher. Jetzt merkte er, dass die Sohlen an seinen Schuhen lose waren. Tante Karla, dachte er, wird wieder einen Zirkus machen. Dein einziges Paar Schuhe, wird sie jammern, wo sollen wir hier Schuhe herbekommen?

Unten am Häuschen rührte sich kein Mensch.

Er fragte sich, ob er, um sicher zu sein und auch aus Vorsicht, schon auf halbem Weg rufen sollte? Er hielt an. Hundi sah sich nach ihm um und legte sich auf einen warmen Stein, streckte sich aus. »Nicht schlappmachen!«, mahnte er das Tier und sich.

Als Bernd weiterging, sprang Hundi sofort auf, wach und gespannt.

»Hallo«, rief Bernd, »ist da jemand?« Wahrscheinlich konnte ihn auch Herr Maier hören.

Unten bewegte sich nichts. Er rief noch einmal, lauter: »Hallo!«

Da sprang aus dem Schutz des Häuschens ein junger Mann. Er war nur mit einer Uniformhose bekleidet. Sein Oberkörper war nackt. Er lief barfuß und schwenkte ein Gewehr. Was er rief, konnte Bernd nicht verstehen. Er hielt von neuem an und winkte dem Mann. Wenn der mich totschießt, ging ihm durch den Kopf, weiß Tante Karla nicht, wo ich bin. Er zog den Brief von Herrn Maier, der in seiner Hosentasche ziemlich gelitten hatte, heraus und hielt ihn hoch.

»Den soll ich bringen«, rief er und dachte zugleich erschrocken: Vielleicht spricht der gar kein Deutsch. Vielleicht versteht der mich nicht. Und Tschechisch konnte er zu wenig. Versuchsweise rief er: »Servus!«

Der junge Mann hatte das Gewehr auf den Boden gelegt und kam ihm langsam entgegen. Hundi hielt sich hinter Bernd. Er schien die Gefahr zu wittern.

»Was ist? Was bringst du?« Der Mann war jetzt gut zu verstehen. Er sprach mit Akzent. Wahrscheinlich war er ein Tscheche von jenseits der Grenze.

»Hier ist ein Brief von Herrn Maier.« Bernd hielt den Umschlag über den Kopf.

»Vom Doktor? So, so.« Der Mann hatte sich so weit genähert, dass Bernd ihn riechen konnte, seinen Schweiß. Dazu roch er noch ein wenig wie die Frauen aus dem Küchenkeller, nach Brühe und Kartoffeln.

»Komm schon!« Der Mann streckte seinen rechten Arm aus und lockte Bernd wie einen Hund. Worauf Hundi zu knurren begann. »Ein niedlicher Köter«, fand der Mann, »ein lustiger Bastard.« Er lachte und spuckte aus. Die Muskeln auf seiner Brust und seinen Schultern spannten sich.

Bernd legte den Brief vor sich auf einen Stein, schaute den Mann, der sich noch in halbwegs sicherer Entfernung befand, kurz an: »Das ist der Brief«, und machte kehrt. Er stürmte den Hang hoch. Er musste es schaffen. Hundi folgte ihm und überholte ihn. Er wagte es nicht, sich umzusehen. Immerhin musste er den Mann überrascht haben, denn erst jetzt rief er: »Halt! Warte.« Wenn er schießen wollte, musste er zurück zu dem Gewehr.

Als er oben ankam, warf er sich zu Boden, schloss die Augen, lauschte auf Schritte, fasste nach Hundi und lugte über den Rand. Der junge Mann drohte mit dem Gewehr. Er war nicht mehr allein, zwei weitere Männer, ebenfalls mit Gewehren, redeten auf ihn ein. Bernd konnte ihre Stimmen hören. Sie schienen wütend zu sein.

Bernd kroch so weit vom Steinbruchrand weg, dass die unten ihn nicht sehen konnten, sprang auf und rannte. »Schnell, Hundi, die kommen nach!«

Er lief auf die Draisine zu, auf der Herr Maier stand und winkte.

»Es sind welche hinter mir her, mit Gewehren«, rief er und der Atem drückte ihm die Wörter weg.

Es sah aus, als ob Herr Maier auf der Plattform tanzte, ein schwarzer Gliedermann. Er hob die Arme, sprang in die Luft, winkte und rief: »Komm! Komm! Beeil dich! Mit diesen Burschen ist nicht zu spaßen. Komm!«

Herr Maier bewegte den Hebel wie toll hin und her und die Draisine rollte an. Hundi sprang mit einem irren Satz auf die Plattform.

»Komm!«

Die Draisine wurde schneller. Bernd rannte neben ihr her.

»Komm schon.«

Bernd warf sich auf die Plattform, schlug mit dem

Kinn auf dem Holz auf. Es schmerzte. Er lag ausgestreckt, wollte sich aufrichten, aber Herr Maier trat ihm in den Rücken. »Bleib liegen. Sie schießen.«

Sie waren ihm tatsächlich gefolgt. Er schaute, die Backe gegen das warme Holz gedrückt, hinüber zum Steinbruchrand. Sie standen zur dritt, die Gewehre angelegt. Die Schüsse hörten sich an wie kurze, trockene Peitschenschläge.

Herr Maier trieb die Draisine zu immer höherer Geschwindigkeit. Einmal schlug eine Kugel gegen die stählerne Einfassung der Plattform. Es machte ein böses Klick.

Bernd sah, wie die drei ihre Gewehre senkten.

Die Draisine raste weiter auf ein kleines Waldstück zu. Zwischen schützenden Bäumen und Gestrüpp ging Herrn Maier die Luft aus. Er sank auf die Bank nieder, wie in Zeitlupe, sackte nach vorn, verbarg sein Gesicht in den Händen und schluchzte auf.

Hundi pochte mit der Schnauze gegen Bernds Kopf. Als er sich aufrichtete, merkte er, dass Blut von seinem Kinn tropfte. »Ich blute.« Er fasste nach der Wunde.

Herr Maier schüttelte sich, als müsste er einen wüsten Traum loswerden, und sah Bernd abwesend an. »Das ist nicht weiter schlimm«, sagte er.

Bernd warf sich nach vorn und schlug mit den Fäusten auf den fabelhaften Herrn Maier ein. »Sie sind schuld«, schrie er. »Beinahe wären wir erschossen worden. Wegen Ihnen. Bloß wegen diesem beschissenen Brief. Und Ihrem beschissenen Geld. Und überhaupt, weil Sie gar nicht der Herr Maier sind, sondern ...«

»Sondern?«, fragte Herr Maier sehr ruhig und nahm Bernd in die Arme.

Bernd weinte. Er konnte nichts dagegen tun.

»Lass es raus, Primel.«

Er drückte die schweren, kräftigen Arme des fabelhaften Herrn Maier zur Seite. »Das war gemein!«, sagte er. »Ich wusste ja überhaupt nicht, was das für Leute sind.«

Herr Maier nickte zustimmend, erklärte jedoch nichts.

»Ich möchte nach Hause.«

Herr Maier lächelte: »Nach Hause?«

»Ja, zu Tante Karla.«

»Es ist besser, du erzählst ihr nichts von unserem Abenteuer.«

»Doch! Ich will nicht lügen wie Sie.«

Herr Maier stand auf, fasste nach der Treibstange und setzte sie in Bewegung. »Also, nach Hause«, murmelte er.

Bernd setzte sich in Fahrtrichtung auf die Bank. Die Schienen, die Schwellen sausten auf ihn zu, so, als würden sie von der unersättlichen Draisine gefressen. Er zog Hundi auf seinen Schoß und streichelte ihn. »Die können uns alle mal. Alle, alle.«

Als sie am Bahnhof vorüberfuhren, sprang er von der Plattform. Hundi folgte ihm. Herr Maier versuchte, überrascht von Bernds Abgang, die Draisine zu bremsen. »Auf bald, Primel«, rief er.

Bernd schaute sich nicht nach ihm um, schrie wütend: »Nie wieder! Nie wieder!«

11

Nichts passiert

Tante Karla sprang, als er die Tür vorsichtig aufzog, vom Stuhl hoch und rannte wie von einer Schnur gezogen zwischen Bett und Herd hin und her. »Ich bin fast umgekommen vor Angst. Weißt du, wie spät es ist? Gleich zehn Uhr! Seit sieben Stunden fährst du mit einem Verbrecher, einem Wahnsinnigen, einem Menschen, den ich nicht kenne, auf einer Draisine in der Gegend herum. Ich hätte es nie erlauben dürfen. Ich habe es ja auch nicht erlaubt. Der Kerl hat mich einfach überrumpelt.«

Bernd hörte mit gesenktem Kopf zu und fürchtete, sie könnte anhalten und ihm eine runterhauen.

Hundi kratzte an der Tür. Er war draußen geblieben, wahrscheinlich, weil er Tanta Karlas Zorn gewittert hatte. Jetzt jedoch wollte er ihm beistehen. Bernd griff hinter sich nach der Klinke und zog die Tür um einen Spalt auf. Worauf Hundi ins Zimmer schoss und Tante Karla in den Weg. Beinahe wäre sie über ihn gestürzt. Sie unterbrach ihren Lauf und musterte Hundi mit Blicken, die eigentlich Bernd galten. Hundi musste stellvertretend für Bernd leiden. Sie trat nach ihm. »Auch noch dieser unausstehliche Köter, dieser unnötige Mitesser, dieses stinkende Bündel Fell!« Hundi verzog sich unters Bett.

»Lass ihn.« Bernd rutschte, gegen die Tür gelehnt, langsam in die Hocke. Die abenteuerliche Reise mit dem fabelhaften Herrn Maier begann zu wirken. Er schlang die Arme um die Knie und zitterte am ganzen Leib. Was Hundi aus seinem sicheren Versteck hervorrief. Er schnürte in einem Bogen um Tanta Karla und drückte sich an Bernd. Tante Karla stoppte ihren Sturmlauf. Sie musterte Bernd erschrocken und kauerte sich neben ihn hin: »Jesus Maria, Primel, was ist mit dir? Da rege ich mich auf über dich und merke überhaupt nicht, wie elend es dir geht. Sicher ist an allem dieser Herr Maier schuld.«

Genau das wollte er nicht hören. Er zog die Knie noch fester an sich, legte den Kopf auf die Arme und versuchte, gegen das Zittern anzukämpfen. Doch es kam von tief innen und wurde immer stärker. »Ich glaub, ich friere«, murmelte er.

Tante Karla drückte ihre Stirn gegen die seine: »Bei der Hitze, Primel, das ist unmöglich. Was ist passiert?« Tante Karla gab nicht nach. »Komm, setz dich an den Tisch. Ich koch dir einen Tee und streich dir ein Brot und danach gehst du sofort schlafen.«

Was sie vorschlug, hörte sich gut an. Aber so ohne

weiteres durfte er ihr nicht nachgeben. Er blieb erst einmal hocken. »Und Hundi hat auch Hunger und Durst!« Hundi, der vielleicht anstatt Durst Wurst verstanden hatte, begann zu winseln. Tante Karla schob Bernd vorsichtig zur Seite, öffnete die Tür und machte Hundi den Weg zum Futternapf frei: »Marsch, hinunter zur Pluhar. Von unserer Wurst kriegst du kein Scheibchen.«

»Kannst du nicht ein bisschen netter zu ihm sein?«

»Komm, stell dich nicht an, Primel, steh auf.«

Sie kümmerte sich nicht weiter um ihn. Er döste, schlotterte, beobachtete Tante Karla, wie sie alles auf einmal tat: Teewasser aufsetzen, Brot streichen, die Betten zurechtmachen. Sie wirbelte.

»Die haben auf uns geschossen«, sagte er mehr zu sich.

Tante Karla, die eben Tee eingoss, fuhr zu ihm herum: »Schon wieder die Russen?«

Russen waren das keine, dachte er. Vielleicht Tschechen. Aber es konnten auch Leute von hier gewesen sein. »Das waren keine Russen. Die hatten keine Uniform an.«

Tante Karla nickte, als sei ihr sowieso alles klar: »Banditen, sage ich. Natürlich müssen es Banditen gewesen sein. Dieser Herr Maier war wahrscheinlich ihr Anführer.«

Bernd setzte sich an den Tisch. Tante Karlas Behauptungen ärgerten ihn. »Das ist doch Quatsch. Wenn er ihr Anführer wäre, würden sie doch nie auf ihn schießen.«

Sie dachte nicht daran, nachzugeben. Allein der Gedanke an Herrn Maier machte sie zornig.

»Iss endlich und trink«, sagte sie unwirsch.

Er biss ins Brot, kaute und sagte mit vollem Mund: »Du bist prima.«

Tante Karla schaute ihn verblüfft an und setzte sich ihm gegenüber: »Was heißt das? Eben hättest du mich noch in der Luft zerreißen können wegen deinem Herrn Maier.«

»Er ist nicht *mein* Herr Maier.«

»No, als du heute mit ihm losgezogen bist, hat es noch so ausgesehen.«

Er kaute, schwieg. Sie hatte ja Recht. Herr Maier hatte eine merkwürdige Anziehungskraft. Er war geheimnisvoll, doch auch lustig und ein großer Spieler. Kein anderer Erwachsener hätte sich so mit ihm beschäftigt, wäre mit ihm Draisine gefahren. Heute aber hatte er ihn schwer reingelegt und als »Briefträger« missbraucht.

Im Zimmer hing noch immer die Wärme des Tages. Fliegen kreisten um die einzelne Birne an der Decke. Allmählich begann er sich besser zu fühlen. Und er wurde schwer und müde.

Tante Karlas Hand kroch über den Tisch und fasste

seine Hand: »Solche Leute wie Maier, Primel, sind Gespenster. Sie kommen aus dem Krieg und niemand weiß, was sie da angestellt haben und wer sie gewesen sind. Vielleicht ein Offizier. Vielleicht ein SS-Mann. Vielleicht ein Russe, der gegen die Sowjetrussen kämpfte, auf deutscher Seite. Vielleicht ein Spion. Und jetzt spielen sie irgendeine Rolle und schlagen sich durch. Vorher waren sie mächtig und jetzt sind sie schlau. Menschen sind ihnen egal. Freunde haben sie keine.«

Er hatte zu schnell gegessen, rülpste, zog sich das Hemd über den Kopf. Tante Karla füllte warmes Wasser in die Waschschüssel. Er wusch sich nur flüchtig. Tante Karla blieb nachsichtig und mahnte und meckerte nicht, auch nicht, als sie das aufgeschürfte Kinn entdeckte. »Da muss ein Pflaster drüber.«

Er schlüpfte aus der Hose und ließ sich aufs Bett fallen. Tante Karla setzte sich auf den Bettrand. Sie hatte, was sie von ihm gehört hatte, noch nicht verdaut. Das war ihm klar. »Was wollte er von dir, Primel?«

»Ich hab es dir doch erzählt. Ich hab einen Brief an Männer in einen Steinbruch bringen müssen. Einen Entschuldigungsbrief. Oder so ähnlich.«

»Also hör mal. Bei wem muss sich der Maier denn schon entschuldigen?«

»Er hat mir gesagt, er will mit denen keine Geschäfte mehr machen.«

Tante Karla pfiff zwischen den Lippen: »Da muss ihm schon Feuer unterm Arsch brennen.«

»So etwas soll ich nicht sagen, sagst du immer.«

»Bei Herrn Maier fällt mir nichts Besseres ein. Und die verlausten, elenden Kerle haben geschossen? Auf ihn, auf dich?«

»Ja.«

»Und es ist nichts passiert?«

»Nein.«

12

Abreise – einmal anders

Am nächsten Morgen setzte sich die Aufregung fort. Nur anders. »Endlich rührt sich was«, jubelte Tante Karla und scheuchte ihn aus dem Bett. Bis er erfuhr, was sich rührte, verging allerdings viel Zeit. Er wusch sich, zog sich an, frühstückte, sah zu, wie Tante Karla verschwand und Frau Pluhar durchs Zimmer huschte, etwas suchte, was sie offenbar nicht fand. Hundi hatte sich unter Bernds Stuhl verzogen und wartete, dass er endlich hinaus konnte. Bernd jedoch blieb sitzen. Er musste erst herauskriegen, was los war.

Irre Gedanken gingen ihm durch den Kopf: Vielleicht mussten alle Flüchtlinge in ein Haus ziehen. Vielleicht hatten die Österreicher und die Tschechen ihre Grenzen verlegt. Vielleicht wurde die Eisenbahn durch einen Omnibus ersetzt. Vielleicht war der fabelhafte Herr Maier Bürgermeister von Laa geworden. Bernd kicherte und kraulte Hundi im Nacken: Das wär was!

Tante Karla riss die Tür auf, kam aber nicht ins Zimmer herein, sondern maß ihn empört: »Was sitzt du hier herum wie bestellt und nicht abgeholt. Du könntest anfangen zu packen.«

»Was packen?«

»Deine Sachen. Mein Gott, bist du schwer von Begriff.«

»Aber warum?«

Mit ein paar ausholenden Schritten stand sie vor ihm, schaute ihm auf den Scheitel: »Es geht endlich los, Primel. Hat dir die Wartezeit das Hirn verklebt? Heute Nachmittag kommt ein Zug. Der Huber schwört, es sei die Wahrheit. Um Mittag herum sollen wir am Bahnhof sein.«

Jetzt war alles zu Ende. Und Leni? Und die Draisine?

»Wirklich heute?«

»Was ist los mit dir, Primel?« Tante Karla setzte sich neben ihn, nahm sein Kinn zwischen ihre Finger. »Wir haben zu lange warten müssen und sind hier ein wenig verkommen. Sobald wir das Kaff verlassen haben, ist der Krieg für uns endgültig zu Ende.«

»Und wir fahren nach Wien?«

Tante Karla leerte den Schrank und legte die Koffer geöffnet in die Mitte der Stube. »Selbstverständlich.«

»Und wenn der Zug nicht nach Wien fährt?«

»Dann steigen wir um.«

»Und wenn kein Zug kommt?«

»Du hast eine schreckliche Phantasie, Primel. Auf

alle Fälle werden wir hier nicht mehr warten. Wir werden zusehen, dass uns ein Auto mitnimmt, ein Pferdefuhrwerk, oder wir werden zu Fuß gehen bis zum nächsten Bahnhof. Nein, hier werden wir keinen Augenblick länger warten.«

Hundi begann mit der Schnauze an sein Bein zu pochen. Er musste raus.

Tante Karla hatte zum ersten Mal seit ihrer Ankunft wieder ihren Reiseanzug an, grau, aus grobem, schwerem Stoff. Salz und Pfeffer nannte sie das Muster.

»Hundi muss mal«, sagte er. »Kann ich mit ihm runter?«

Tante Karla häufelte Wäsche, Hemden, Socken, Hosen, Jacken, Röcke neben den Koffern. Auf seine Frage bekam er eine harsche Antwort: »Wenn du nicht zur rechten Zeit da bist, Primel, hast du mich gesehen. Und den Zug. Mir ist egal, wie du dann zurechtkommst.« Sie bückte sich erneut, ächzte dabei ein wenig und rief ihm nach: »Der Hund bleibt übrigens hier, bei Frau Pluhar. Das ist dir klar.«

Das sah er ein. Trotzdem tat ihm der Gedanke weh, sich von Hundi verabschieden zu müssen. Unentschlossen schaute er die Straße hinauf und hinunter. Der graue Himmel hing tief und schob die feuchte Wärme wie einen Block vor sich her. Auf Leni und Poldi zu warten hatte keinen Sinn. Sie saßen noch in der Schule. Er entschloss sich, zum Bahnhof zu gehen.

Schon von weitem sah er rund um die Bank, die oft gebrauchte Warte-Bank, eine Gruppe von Menschen mit viel Gepäck. Und natürlich Herrn Huber, der eben eine Rede hielt oder Anweisungen gab.

Bernd näherte sich zögernd, blieb immer wieder stehen, während Hundi längst Koffer und Bündel nach Gerüchen sortierte.

»Der Zug ist mir bestätigt worden«, hörte er Herrn Huber. »Er hat sogar eine Laufnummer.«

»Aber trotzdem wissen Sie seine Ankunft nicht genau«, warf ihm eine der wartenden Frauen vor, und ein jüngerer Mann, den Bernd noch nicht kannte, fügte bissig hinzu: »Das wird schon noch ein paar Friedensjahre dauern, bis die einen ordentlichen Fahrplan zustande gebracht haben.« Der Mann grinste und sein mageres Gesicht legte sich in Falten. Er trug nur Hemd und Hose und saß auf einem dicken Seesack. Bernd fiel Tante Karlas Warnung ein, dass Männer unter sechzig, die sich unter Flüchtlinge mischten, mit Vorsicht zu genießen seien. Oft hätten sie die Namen gewechselt und wüssten nicht mehr, wer sie gewesen sind. Der schien so einer zu sein. Andererseits gefiel es Bernd, wie er lachte. Und er sah überhaupt nicht gemein aus. Sollte er mitreisen, würde sich Tante Karla ihn schon vornehmen.

Frau Huber grüßte ihn aus dem Fenster im ersten Stock: »Servus, Bernd. Wo bleibt die Tante?«

Er legte den Kopf in den Nacken. Frau Huber füllte das Fenster mit ihrem mächtigen Busen und dem Kopf, auf dem lauter Lockenwickler steckten.

»Aber der Zug soll doch erst mittags kommen.«

Frau Huber nickte: »Ja, schon. Aber sie ist doch sonst immer schon da.«

Was sollte er ihr darauf antworten? Ein Schreckensruf lenkte ihn ab: »Die Russen!« Sie waren schon da. Sie brüllten, fuchtelten mit ihren Maschinenpistolen herum. Niemand verstand ihre Befehle. Jeder duckte sich und passte auf sein Gepäck auf. Und jeder wusste, dass diese Soldaten besonders gefährlich waren, denn sie trugen die grünen Kappen der Militärpolizisten. Einige Soldaten verschwanden im Bahnhof. Herr Huber rannte ihnen hinterher: »Da findet's ihr nichts!«, rief er. »Bringt mir bloß nichts durcheinander.« Andere begannen die »Dokumente«, die Pässe, zu kontrollieren. Bernd übergingen sie, schoben ihn neben eine Frau, als müsse er auf jeden Fall zu jemandem gehören. Er ließ es mit sich geschehen.

So überstürzt sie erschienen waren, so rasch verschwanden sie auch wieder. Eine Frau fing an zu schluchzen. Herr Huber versuchte sie zu trösten. »Es ist nichts«, erklärte sie, »bloß die Aufregung.« Damit gab sich Herr Huber nicht zufrieden. »Es ist die Zeit«, sagte er, »sie bringt uns alle durcheinander.«

Jetzt erst bemerkte Bernd, dass der junge Mann verschwunden war, sich in Luft aufgelöst hatte. Sein großer Seesack lag wie eine vorwurfsvolle Erinnerung an ihn da. Entweder hatten die Russen ihn mitgenommen, oder es war ihm gelungen, ihnen zu entwischen.

»Der Kerl wird wieder auftauchen, wenn die Luft rein ist«, sagte Herr Huber, als könnte er Bernds Gedanken lesen.

»Das Warten macht mich noch verrückt«, klagte eine Frau. Auch für sie fand Herr Huber eine beruhigende Antwort: »Diese Stunde werden Sie wohl noch aushalten können.«

Frau Huber war anderer Meinung: »Uns wird ganz schön langweilig sein, wenn ihr alle verschwunden seid«, rief sie von oben herab.

Als wäre er aus dem Boden gewachsen, stand der Mann plötzlich wieder neben seinem Seesack. Er lächelte etwas verlegen, sagte jedoch kein Wort.

»Jetzt müsst ihr euch eben gedulden«, sagte eine Frau zu ihren beiden Kindern.

Bernd hatte sich auf einen fremden Koffer gesetzt, schaute zu und doch nicht, hörte zu und doch nicht – wie so oft auf der Flucht zog er sich in sich selbst zurück, blieb wachsam, nahm aber nicht teil an dem, was geschah. Dieses Mal kam noch ein Gefühl von Mutlosigkeit dazu. Vielleicht war der tief graue Himmel daran schuld. Wahrscheinlich würde nie mehr alles in Ordnung kommen. Im Krieg waren die Menschen anders geworden. Vor allem danach. Fluchtmenschen, die sich nichts gegenseitig gönnten, ständig auf der Jagd waren nach einem Dach über dem Kopf und immer hungrig. Ohne Tante Karla wäre er womöglich auch zu einem Fluchtmenschen geworden, gierig und stumpfsinnig und immer gemein gegen die Kinder der anderen.

Er sprang auf. Warum sollte er hier versauern. Es blieb ihm noch etwas Zeit.

»Ich geh noch mal«, sagte er zu Herrn Huber. »Wenn Tante Karla kommt …«

»Ich sag ihr Bescheid«, sagte Herr Huber. »Schaust du noch einmal nach der Draisine?«

Das hatte er nicht vorgehabt. Herr Huber hatte ihn auf die Spur gesetzt. Er hüpfte über die Koffer, und Huber rief ihm nach: »Fahren kannst du sie nicht. Ich hab sie blockiert.«

Mit jedem Schritt fühlte er sich freier. Nicht mehr so bedrückt und so hilflos. Er hörte auf zu rennen, schlenderte. Diesen Pfad kannte er gut. Er könnte auch von ihm träumen. Mit der offenen Hand strich er über das hohe Gras. Er sehnte sich nach Leni, hörte ihr glucksendes Lachen und roch ihre Haut. Wahrscheinlich erfuhr sie zu spät, dass er abgereist war. Insgeheim hoffte er auch, den fabelhaften Herrn Maier zu treffen. Vielleicht an der Draisine. Er hat ihn bewundert, sogar ein bisschen gemocht. Gefürchtet aber auch. Er war auf jeden Fall anders als alle anderen Männer, die er kannte. Er tat etwas, was wohl nicht erlaubt war. Er war eine Art Schwarzhändler. Doch sogar Tante Karla war einmal auf dem schwarzen Markt gewesen. Sie hatte für ein silbernes Taschenkämmchen Zigaretten eingetauscht und sich danach verlegen bei ihm entschuldigt: »Was glaubst du eigentlich, Primel, wie unsere Welt tatsächlich ausschaut? Die Obernazis haben sich gesundgestoßen und sind über alle Berge. Wir kleinen Leute müssen für alles büßen. Das haben die sich so gedacht. Uns predigten sie Moral und Mut und selber benahmen sie sich wie die Schweine. Jetzt müssen wir schauen, über die Runden zu kommen, manchmal eben auch ohne Moral oder mit nur ein bissel.«

Die Draisine stand an ihrem Ort. Huber hatte tatsächlich Bremsblöcke an die Schienen geschraubt. Sie musste still stehen.

Bernd sprang auf die Plattform. Wieder kam er sich wie verwandelt vor. Eine wunderbare befreiende Kraft durchdrang ihn. Prüfend drückte er gegen den Hebel.

Das Gefährt rührte sich nicht, stand wie festgeschweißt. Ein gefangener Traum. Ein Traum, der zu diesem Ort gehörte wie der fabelhafte Herr Maier. Nun hatte sowieso alles ein Ende. Bald würden sie abreisen. Es blieb ihm gar nicht mehr viel Zeit. Doch noch genug, um in den Wald hineinzulaufen, in dem er Herrn Maier getroffen hatte, wie er sich damals die Schuhe mit Geldscheinen füllte.

Er lief in Gedanken. Keine Menschenstimmen, keine lauten Geräusche waren zu hören. Nur ein paar Vogelstimmen. Ab und zu knackte ein Ast unter seinem Schritt. Bald würde er umkehren müssen. Käme er zu spät, würde Tante Karla durchdrehen.

Neben der Hütte mit eingestürztem Dach entdeckte er im Farn einen schwarzen Buckel, etwas Fremdes. Er dachte an die Gräber der Wlassow-Soldaten, an den Fuß, der aus der Erde geragt hatte. Er kniff die Augen zusammen, sah zu dem schwarzen Haufen hinüber, trat ein paar Schritte näher, um mehr zu sehen. Schillernde Fliegen hoben sich wie ein Schild von dem Gegenstand, und es roch entsetzlich, süß und klebrig. Der Gestank würgte ihn.

Er lag auf dem Bauch, riesig, ein gestürztes Ungetüm, in seinem schwarzen Anzug. Es konnte nur der fabelhafte Herr Maier sein. Auch wenn sein Gesicht sich in den Waldboden drückte.

Die Fliegen summten wütend. Sonst war es still, unheimlich still.

Bernd entdeckte in der Jacke im Rücken ein blutiges Loch. Die Schuhe waren Herrn Maier geklaut worden, seine feinen, schwarzen Schuhe. Sie hatten ihn also erwischt und erschossen.

Er trat zurück und ließ den Toten dabei nicht aus den Augen. Plötzlich kam ihm das Frühstück hoch. Er krümmte sich und erbrach sich.

Eine Weile stand er gebeugt, die Arme vor der Brust gekreuzt, dann wischte er sich die Lippen ab, machte kehrt, rannte los, ohne auf den Weg zu achten. Durch das kleine Waldstück, das ihm vertraut gewesen war und das sich nun in einen verbotenen Ort verwandelt hatte.

Tante Karla belud vor dem Haus, zusammen mit Frau Pluhar und Frau Trübner aus dem Küchenkeller, einen Leiterwagen mit dem Gepäck. Die Frauen schwätzten, steckten über dem Hügel aus Koffern und Bündeln die Köpfe zusammen. Er schlich sich ins Haus, ohne dass sie ihn bemerkten.

Frau Pluhar hatte das Zimmer bereits wieder nach ihrem Geschmack ein- und umgeräumt. Er und Tante Karla waren endgültig verabschiedet, gehörten nicht mehr her. Er setzte sich auf sein Bett, das abgezogen war. Seine Lippen schmeckten noch immer säuerlich nach Erbrochenem. Er lief zu dem kleinen Wasserbecken im Flur und hielt sein Gesicht unter den Wasserstrahl. Er hörte Schritte auf der Treppe.

Eine Hand legte sich auf seinen Rücken. »Da bist du ja. Also kann ich mir jede Aufregung ersparen.«

Er schüttelte, noch unterm Wasser, den Kopf, schloss

die Augen, drehte sich um, warf sich Tante Karla an die Brust, umklammerte sie und begann zu weinen.

Tante Karla murmelte erschrocken: »No, no, Primel«, und schloss ihn fester in die Arme. Eine Weile blieben sie stehen, ohne zu reden, bis unten Frau Pluhar und Frau Trübner laut wurden.

Tante Karla packte ihn an den Schultern und schob ihn auf Abstand. »Das kann doch nicht der Abschiedsschmerz sein. Oder ist dir dieses Kaff so ans Herz gewachsen?«

»Nein.« Er holte tief Atem. »Nein.«

»Was dann?« Sie sah ihm auffordernd in die Augen.

Er wich ihrem Blick aus. »Ich …«, sagte er. Er fand keine Wörter, keine Sätze für das, was er gesehen hatte. »Ich hab …«

»Was hast du?«

»Der Herr Maier liegt tot im Wald.« Nun war es heraus, als hätte er noch einmal erbrochen.

»Ach, du grüne Neune.« Tante Karla zog ihn mit einem Ruck wieder an ihre Brust und redete leise und ohne Unterbrechung über seinen Kopf weg: »Also, den fabelhaften Herrn Maier hat es erwischt. Deinen großen Zauberer, Abenteurer, den Unverletzbaren.« Sie streichelte ihm den Rücken. »Ob es so kommen musste, kann ich dir nicht sagen. Geahnt habe ich's. Denn dein Herr Maier war der Letzte unter uns, der noch immer auf seine Weise Krieg führte, vielleicht

Krieg führen musste. Er ist nie im Frieden angekommen. Er wollte es wohl auch nicht, weil er nicht mehr der sein wollte, der er vorher gewesen war. Also spielte er eine Rolle, die Buben wie dir gefiel: Er war vogelfrei.«

Sie ließ ihn los, ging ins Zimmer, sah sich um, ob sie nichts vergessen hatten, schnalzte, packte Bernd am Arm, zog aus der Jacke ein Taschentuch und trocknete sein Gesicht. Sie tat es ohne Spott, sehr ernst und liebevoll. Dazu sagte sie: »Du wirst dieses Bild dein Leben lang nicht vergessen, Primel. Irgendwann wirst du dir sagen: Es war der Tag, an dem der Krieg wirklich endete.«

Frau Pluhar und Frau Trübner riefen zweistimmig die Treppe hoch: »Es ist Zeit.«

»Red nichts von Herrn Maier, Primel. Behalt die Geschichte für dich. Nimm sie mit.«

»Warum? Sie werden ihn doch finden.«

»Du bist dann schon fort und hast nichts damit zu tun.«

Die aufgeregten Frauen ließen ihm keine Zeit, nachzudenken. Er lief neben und hinter ihnen her. Frau Pluhar und Tante Karla lösten sich ab, den Leiterwagen zu ziehen. Frau Trübner passte auf, dass nichts runterfiel.

»Auf alle Fälle ist es besser, wir sind frühzeitig da.«

»Die Leute werden drängeln, ohne Rücksicht.«

»Na ja, wir werden uns schon einen Platz ergattern«, beruhigte Tante Karla sich und die Frauen.

Es hatten sich viel weniger Leute versammelt, als sie erwarteten. Frauen mit Kindern, dazu der schweigsame junge Mann, der sich in dieser Gesellschaft wie ein bunter Hund ausnahm, der auf keinen Fall einer sein will.

Herr Huber wurde unterstützt von seiner Frau und Fräulein Janowitz, die offenbar nicht wusste, was mit dem fabelhaften Herrn Maier passiert war. Als sie Bernd zuwinkte, vergaß er vor Schreck einen Augenblick zu atmen. Als er stöhnend Luft holte, legte sich Tante Karlas Hand sacht auf seine Schulter.

»Anscheinend haben sich in der letzten Zeit viele Leute auf eigene Faust auf und davon gemacht«, stellte Frau Pluhar fest, die stramm und schnurgerade den Wagen bis nahe ans Gleis zog.

Als der erste fahrplanmäßige Zug nach Kriegsende, der ganze Stolz des Stationsvorstehers Huber, sich mit mehreren kurzen Pfiffen ankündigte, jedoch noch nicht zu sehen war, tauchte endlich Hundi auf. Er sprang an Bernd hoch, immerfort, jaulte, und Frau Pluhar, die das Spektakel beobachtete, seufzte: »Das wird eine Tragödie mit dem Tier.«

Nun fehlten zum großen Abschied nur noch Leni und Poldi. Die erschienen erst, als sich die gewaltige Verwirrung und die ohnmächtige Wut schon etwas gelegt hatten. Denn der erste fahrplanmäßige Zug bestand ausschließlich aus einer Lokomotive. Die Wagen schienen unterwegs verloren gegangen zu sein. Sie hatten sich in Nichts aufgelöst, samt Fahrgästen und Personal.

Schwer stampfend und dampfend hielt die Lokomotive an und lärmte so, dass die Seufzer und Schreie der Enttäuschten schlichtweg untergingen.

Herr Huber nahm die Uniformmütze vom Kopf und steckte das Signal in die Hosentasche. Er hatte sichtlich die Fassung verloren.

Aus dem Führerhaus beugten sich zwei Männer mit rußverschmierten Gesichtern und musterten lachend die Wartenden.

Herr Huber trat ein paar Schritte nach vorn, legte den Kopf in den Nacken, gab einen krächzenden Ton von sich. Worauf die Köpfe von Lokführer und Heizer zugleich nickten. Sie hatten Herrn Huber verstanden, ohne dass er auch nur ein verständliches Wort herausgebracht hatte.

»Jaja«, sagte der eine. »Ein ordentlicher Zug sind wir einmal gewesen«, sagte der andere. Endlich gelang Herrn Huber ein Wort: »Aber ...«

»Nichts aber«, verbesserte der Heizer.

»Beschlagnahmt sind die Wagen worden«, ergänzte der Lokführer.

Und zweistimmig meldeten sie: »Von den Russen.«

Herr Huber rannte in sein Büro. Man hörte ihn durchs offene Fenster telefonieren, natürlich mit einer »höheren Stelle«.

»Ist mit einem Ersatz zu rechnen?«, fragte er und gab sich mit brechender Stimme selber die Antwort: »Also nicht.« Ganz und gar ratlos fragte er noch nach: »Ja, wie soll ich denn nun vorgehen? Hier warten seit gut drei Wochen Leute.« Er lauschte in den Hörer, sah durchs Fenster auf die Frauen und Kinder, die mucksmäuschenstill zuhörten: »Natürlich als Ausnahme«, sagte er, »als einmalige Ausnahme selbstverständlich«, sagte er und straffte sich. »Ich werde es mit dem verantwortlichen Lokführer besprechen. Habe die Ehre«, sagte er, verbeugte sich und legte den Hörer vorsichtig auf die Gabel.

Bernd rückte nahe an Tante Karla. Frau Pluhar und Frau Trübner hatten sich hinter ihnen postiert und bildeten gewissermaßen einen festen Rückhalt. Hundi schob sich zwischen die Beine von Bernd. Alle warteten stumm auf ein erlösendes Wort.

Es fiel nicht. Der Lokführer und sein Heizer kletterten von ihrem Ungetüm, die Menge gab ihnen den Weg frei, bis zum Huber, der nicht dazu kam, sie zu begrüßen oder sie über den Telefonanruf zu unterrichten. Denn der Lokführer erklärte, sie seien am Verhungern, ihre Mägen hingen ihnen bis zum Knie. Nirgendwo habe man Erbarmen mit ihnen gehabt, ihnen eine Suppe, ein Brot gereicht. Nur die Wagen habe man ihnen genommen, was eine Schweinerei ohnegleichen sei. Aber jetzt müssten sie erst einmal etwas zu futtern bekommen, sonst brächen sie zusammen. Das mussten sie nicht. Frau Huber rief aus dem Fenster, ihre Backen glühten rot, und sie trug unerklärlicherweise den Turban von Fräulein Janowitz. »Ich wärme schon eine kräftige Suppe für euch auf«, rief sie. »Kommt's!«

Herr Huber ging die flinke Hilfsbereitschaft seiner Frau gegen die Ordnung der Bahn und des Fahrplans. »Für wie lang ist euch der Aufenthalt gestattet?«, fragte er die beiden.

»Das ist uns wurscht, weil wir kein vollständiger Zug mehr sind, sondern nur noch eine Lok.«

Was Herrn Huber einleuchtete.

Die Spannung unter den Wartenden ließ nach. Ein paar Frauen gaben schon auf und wanderten mit ihren Kindern zurück in den Ort.

Tante Karla und ihre Freundinnen zogen sich auf die Bank zurück. Den Leiterwagen mit dem Gepäck ließen sie für alle Fälle nahe bei der Lokomotive stehen.

Bernd kam allmählich wieder zu sich. Manchmal, besonders wenn sie nicht weiterwussten, spielten die Erwachsenen Kasperletheater. Ohne aufzuschauen, den Blick auf dem Boden, entfernte er sich von den Wartenden. Er lief den Schienen entlang, auf denen sie mit der Draisine gegen den Wind gefahren waren. »Halt, halt«, rief Tante Karla, »was hast du vor? Du kannst jetzt nicht verschwinden, Bernd!«

Er blieb stehen, drehte sich zu ihr um. »Kann ich nicht noch ein bisschen rumlaufen?«

Tante Karla drückte sich energisch gegen die Lehne der Bank und erklärte: »Nein, das kannst du nicht.«

Er nickte wortlos, setzte sich an den Rand der Böschung, zog Grashalme zwischen den Fingern durch und kämpfte gegen den Druck auf seiner Brust, gegen die Tränen.

Plötzlich saß er zwischen ihnen. Sie hatten sich angeschlichen, Leni und Poldi. Sie hatten es doch noch geschafft.

»Von der Schule über daheim bis hierher«, sagte Poldi außer Atem.

Leni zog das Kleid über ihre Knie. »Vielleicht müsst ihr jetzt bleiben, weil mit einer Lokomotive allein niemand verreisen kann.«

»Ich weiß es nicht.«

»Ich fänd's prima«, sagte sie.

»Ich auch«, sagte Poldi. »Du könntest mit uns in die Schule gehen und eine richtige Wohnung würdet ihr bestimmt auch finden.«

»Bei uns«, sagte Leni und fügte eine Spur leiser hinzu: »Wenn der Papa es erlaubt.« Sie fasste nach seiner Hand. Er zog sie zurück.

Er mochte Leni. Aber er wollte nicht bleiben. Der fabelhafte Herr Maier, der tot im Wald lag, vertrieb ihn endgültig. Leni und Poldi waren hier zu Hause. Er und Tante Karla hatten sich hier nur notgedrungen aufgehalten, weil keine Züge fuhren.

»Hier bei uns ist es doch schön«, sagte Poldi, »ich möchte nirgendwo anders sein.«

»In Brünn ist's genauso schön gewesen. Noch schöner.« Bernd zog die Beine an und legte das Kinn auf die Knie. Wenn er jetzt redete, spürte er jedes Wort: »Aber hier ist nicht Brünn.«

»Ja«, sagte Leni leise. Er war nicht so sicher, ob sie ihn verstanden hatte.

»Jetzt passiert was.« Poldi sprang auf, Leni fasste noch einmal nach Bernds Hand und er drückte dieses Mal fest zu. Herr Huber war mit dem Lokführer und dem Heizer vor den Bahnhof getreten und hob den Arm: »Hört einmal her!«

Bernd ließ Lenis Hand los und lief über den Platz zu Tante Karla. Hundi saß brav neben Frau Pluhar, als hätte er sich schon entschieden.

»Wir haben einen Entschluss gefasst. Gegen die Regeln. Ihr könnt ja nicht ewig warten«, erklärte Herr Huber. »Ich bitte die Mütter, ihre Kinder zu sich zu nehmen. Das hat einen Grund, den ihr gleich erfahrt. Bitte, keine Unruhe.«

Die Frauen riefen nach den Kindern, haschten nach

ihnen, drückten sie an sich. Auch Bernd lehnte sich an Tante Karla. »Nun wird's ernst«, sagte sie.

»Ein paar von euch können auf dem Tender der Lok mitfahren. Oben auf den Kohlen. Die werden während der Fahrt natürlich ständig weniger. Das ist klar. Da dies aber nicht ungefährlich ist und der Lokführer die Verantwortung trägt, haben wir festgelegt, dass Mütter mit Kindern unter zwölf hier bleiben müssen.« Die letzten Sätze hatte Herr Huber beinahe geflüstert. Er wusste, was geschehen würde. Frauen kreischten, bedrängten ihn und redeten auf ihn ein.

»Du bist älter als zwölf«, murmelte Tante Karla. »Wir müssen nicht einmal mogeln.«

Herr Huber diskutierte, entschuldigte sich, bedauerte, Frau Huber tröstete und Fräulein Janowitz wischte sich die Tränen aus den Augen.

Der Lokführer machte, gemeinsam mit dem Heizer, kurzen Prozess. Sie bestimmten die »Fahrgäste«. Dem jungen Mann erklärte er kurz angebunden, wenn er mitkommen wolle, müsse er arbeiten, dem Heizer helfen. Der ließ sich nicht zweimal bitten.

Leni umarmte Bernd. »Jetzt muss ich dir ein Bussi geben.«

Danach schlossen ihn die Frauen in die Arme, so dass ihm die Luft ausging. Fräulein Janowitz duftete nach Juchten. Das Parfüm hat sie bestimmt vom fabelhaften Herrn Maier geschenkt bekommen, dachte er.

Sie kletterten nacheinander die schmale Eisenleiter am Tender hoch.

Hundi bellte zweimal kurz und trocken.

Am Ende saßen sechs Frauen und vier Kinder am Rand des Kohlenbergs, der unten, vor einer Klappe, die der Heizer aufzog, zusammenlief.

»Servus«, wurde unten gerufen. »Gute Reise.«

Die Frauen und Kinder, die nicht mitfahren durften, standen verloren in einer Gruppe für sich.

Herr Huber hob das Signal, pfiff. Was kaum zu hören war. Die Trillerpfeife hatte die lange Pause offenbar nicht vertragen. Dafür ließ der Lokführer sein Ungetüm umso heftiger pfeifen.

Sie fuhren!

Tante Karla zündete sich eine Zigarette an. »Die Packung habe ich getauscht für einen Lippenstift.«

Der Heizer und sein neuer Assistent schaufelten um die Wette und füllten den Kessel mit Kohlen. Immer wieder rutschten sie ab.

»Ihr müsst die Kinder halten!«, rief der Heizer.

»Es ist ein bissel wie vor dem Höllenfeuer«, sagte eine Frau, lachte und wischte sich den Kohlenstaub übers Gesicht.

»Es fragt sich bloß, wofür wir zu büßen haben.« Tante Karla zog Bernd wieder zu sich hinauf.

»Wir werden uns einen Tag lang waschen müssen«, sagte ein Mädchen.

»Dafür sind wir heut Abend, falls der Lokführer nicht geschwindelt hat, in Krems.«

»Und wenn die Kohle reicht.«

Sie konnten schon nicht mehr über den Tenderrand schauen.

Die Lokomotive brachte ihre ungewöhnliche Ladung ans Ziel, nach Krems. Am Ende standen sie wie bestellt und nicht abgeholt auf dem Bahnsteig, lauter schwarze Kohlenklaus*.

»So nimmt uns kein ordentlicher Zug mit.«

»Bestenfalls wieder eine Lok.«

Der Bahnhof war dunkel und menschenleer.

»Kommt schon!«

Die Kinder und Frauen folgten den beiden Eisenbahnern quer über die Bahnsteige und Geleise bis zu einer Baracke, in der sich ein großer Waschraum befand.

»Beeilt euch. Mehr als eine halbe Stunde gebe ich euch nicht«, sagte der Lokführer, »dann möchte ich nur noch rosane Schweinderln sehen. Den Kohlenstaub klopft so gut es geht aus den Kleidern. Es hat ja gottlob nicht geregnet.«

»Wie neu«, fand sich Tante Karla danach und be-

* Eine von der Nazi-Propaganda erfundene Figur, die vor Kohlendieben warnte, indirekt auch vor übertriebenem Kohlenverbrauch.

schloss, sich erst einmal zu erkundigen, wann ein Zug nach Wien oder wenigstens in Richtung Wien fährt. »Jetzt kann uns niemand und nichts mehr aufhalten, Primel.«

13

Und weiter?

Sie kamen an. So, wie Tante Karla es sich vorgenommen hatte – in Wien. Die letzte Strecke fuhren sie sogar in einem »fahrplanmäßigen« Zug. Mit dem Warten hatte es ein Ende. Sie fanden eine Wohnung. Tante Karla einen Freund, mit dem Bernd sich einverstanden erklärte. Er ging wieder zur Schule, nach fast einem Jahr Pause und musste eine Menge nachholen. Wie viele andere waren sie zuerst Flüchtlinge. Jahre später Neubürger. Und schließlich Mitbürger. Bis heute träumt Bernd, der inzwischen selber Kinder hat, vom fabelhaften Herrn Maier. Der spricht im Traum kein Wort, ist aber auch nie tot.

Peter Härtling
Krücke
Roman
Gebunden, 160 Seiten (79711), Gulliver Taschenbuch (78178)
Preis der Leseratten
Prix de la Traduction du livre de jeunesse
»Natha Caputo«-Preis
Der gleichnamige Spielfilm von Jörg Grünler erhielt den Hessischen Filmpreis und wurde beim Deutschen Filmpreis mit drei Filmbändern in Gold ausgezeichnet.

Viele Städte lagen bei Kriegsende in Trümmern. Die Menschen irrten umher und suchten ihre Angehörigen. Auch Thomas sucht verzweifelt seine Mutter. Als er vor dem zerstörten Haus seiner Tante in Wien steht, weiß Thomas nicht mehr weiter. Da findet ihn Krücke. Das ist so einer, den hat der Krieg hart mitgenommen. Aber er kennt sich aus, auf dem Schwarzmarkt und auch sonst im Leben. Mit Krücke fühlt sich Thomas stark, und Krücke wird ihm helfen, die Mutter wiederzufinden. Was Thomas und Krücke zusammen erleben, ist eine lange und spannende Geschichte, die davon handelt, wie sich die Menschen in einer schlimmen Zeit gegenseitig geholfen haben.

»Härtling erzählt diese Freundschaft in ihrer ganzen Intensität zart und einfühlsam.« *Frankfurter Rundschau*

»Kriegsgeschichten müssen exzellent geschrieben sein, sie müssen mehr zeigen als ›gute Gesinnung‹. Ein solches Buch ist der Roman ›Krücke‹. Eine klug und empfindsam geschriebene Geschichte, die von wirklichen Menschen handelt.« *Susanne Krebs, DIE ZEIT*

Bücher von Peter Härtling
(Auswahl)

Alter John
Roman. Mit Bildern von Renate Habinger
Gebunden, 108 Seiten (80584), Gulliver Tb (78035) *ab 10*
Seit Alter John bei den Schirmers ist, passiert jeden Tag etwas. Denn Alter John hält alle und jeden in Atem. Aber er wird auch krank und eines Tages stirbt Alter John.

Ben liebt Anna
Roman. Mit Bildern von Eva Muggenthaler
Gebunden, 92 Seiten (79728), Gulliver Tb (78276) *ab 8*
Ben liebt Anna, das Aussiedlermädchen. Und auch Anna hat ihn eine Weile sehr lieb. Es ist für beide eine schöne, aber auch schwierige Zeit.
Auswahlliste Deutscher Jugendliteraturpreis
Zürcher Kinderbuchpreis »La vache qui lit«

Mit Clara sind wir sechs
Roman. Mit Bildern von Peter Knorr
Gebunden, 152 Seiten (80081), Gulliver Tb (78243) *ab 10*
Das Haus, in dem die Scheurers wohnen, ist ein bisschen eigenartig. Aber bei den Scheurers ist immer etwas los. So richtig spannend wird es, als Clara, das jüngste Scheurer-Kind, geboren wird.

Das war der Hirbel
Roman. Mit Bildern von Eva Muggenthaler
Gebunden, 80 Seiten (79789), Gulliver Tb (78218) *ab 10*
Seit Hirbel denken kann, lebt er bei fremden Menschen. Seine Mutter kümmert sich nicht um ihn und er hat gelernt, in Heimen zu leben.
Auswahlliste Deutscher Jugendliteraturpreis

Fränze
Roman. Mit Bildern von Peter Knorr
Gebunden, 112 Seiten (80033), Gulliver Tb (78170) *ab 11*
Fränze, die gern Geige spielt, muss miterleben, wie schwer es ihre Eltern miteinander haben; ihr Vater ist arbeitslos und zieht aus. Fränze möchte helfen, aber wie?

Jette
Roman. Gebunden, 112 Seiten (79683), Gulliver Tb (78300) *ab 12*
Eines Tages freundet sich Jette mit dem alten Buchhändler an.
Sie staunt, was dieser bücherverrückte Mann alles zu erzählen weiß,
von Tom Sawyer, dem kleinen Muck und Jettchen Gebert.
So öffnet sich eine ganze neue Welt für sie.
Bis ein furchtbarer Verdacht aufkommt …

Lena auf dem Dach
Roman. Gebunden, 136 Seiten (79614), Gulliver Tb (78270) *ab 12*
Seit Lena weiß, dass sich ihre Eltern trennen wollen,
ist sie wie aus allen Träumen gerissen. Und sie ist empört,
weil ihre Eltern nicht mit ihr reden wollen.

Oma
Roman. Mit Bildern von Peter Knorr
Gebunden, 96 Seiten (80065), Gulliver Tb (78101) *ab 8*
Die Geschichte von Kalle, der seine Eltern verliert und von seiner
Großmutter aufgenommen wird.
Deutscher Jugendliteraturpreis

Tante Tilli macht Theater
Roman. Gebunden, 112 Seiten (79759), Gulliver Tb (78389) *ab 10*
Vielleicht ist Tante Tilli ein bisschen meschugge, aber was wäre die Welt
ohne sie! Als David im Krankenhaus liegt, macht sie für ihn ein tolles
Theater. Doch seine große Entscheidung muss David alleine treffen.

Theo haut ab
Roman. Mit Bildern von Peter Knorr
Gebunden, 128 Seiten (80064), Gulliver Tb (78014) *ab 8*
Eines Tages läuft Theo weg und es passiert viel, ehe er zurück kommt.
Zum Glück findet er unterwegs einen Freund.

Außerdem lieferbar:
Werkstattbuch Peter Härtling, 84 Seiten, Gulliver Tb (78319)

Beltz & Gelberg
Beltz Verlag, Postfach 100154, 69441 Weinheim

Erzählte Geschichte

Klaus Kordon
Frank oder wie man Freunde findet
Roman in drei Teilen
Gebunden, 432 Seiten (79795)
Klaus Kordon erzählt die Geschichte von Frank im geteilten Berlin »mit fast zärtlicher Behutsamkeit und großem Empfindungsvermögen« (RIAS). Es ist zugleich die Geschichte seiner eigenen Kindheit.

Klaus Kordon
Die roten Matrosen
oder Ein vergessener Winter
Roman. Gebunden, 524 Seiten (79691), Gulliver Tb (78771)
Berlin 1918/19. Nach vier Jahren Weltkrieg verweigern die Matrosen der kaiserlichen Marine in Kiel den Befehl zum Auslaufen und kommen nach Berlin. Helmut und Fritz freunden sich mit den meuternden Matrosen an, erleben die Revolution mit, den Sieg – und auch die Niederlage.

Uri Orlev
Die Bleisoldaten
Roman. Aus dem Hebräischen von Mirjam Pressler
Gebunden, 336 Seiten (79799)
Die Geschichte zweier Brüder, die den Holocaust überleben. Orlev erzählt aus der verwunderten, aber nur vermeintlich naiven Sicht des Kindes, was es bedeutet, wenn das Ghetto und KZ zu der Schule des Lebens werden.
»Wir haben viele Bücher über jüdische Schicksale in der Nazizeit, dies ist eines der besten … Ein ganz großer, in sich ruhender Roman. Unvergesslich.« *Ellen Pomikalko, Berliner Morgenpost*

Karla Schneider
Die abenteuerliche Geschichte der
Filomena Findeisen
Roman. Gebunden, 360 Seiten (800006), Gulliver Tb (78230)
Dresden, 1813. Es ist Krieg, doch zugleich der Beginn einer innigen und zärtlichen Freundschaft zwischen Filomena und Pruna, der Kunstreiterin. Es ist das Jahr ihrer abenteuerlichen Reise mit den Gauklern.